三十六计

王鸿飞／编

国际安徒生儿童文学奖得主

曹文轩

鼎力推荐

难点注释＋知识拓展　回归阅读本质，学以致用

／全程指导／

·扫除字句障碍·扫除理解障碍·扫除感悟障碍·

吉林文史出版社
JILINWENSHICHUBANSHE

图书在版编目（CIP）数据

三十六计 / 王鸿飞编 . -- 长春 : 吉林文史出版社 , 2018.4
ISBN 978-7-5472-4731-0

Ⅰ . ①三… Ⅱ . ①王… Ⅲ . ①兵法－中国－古代 Ⅳ . ① E892.2

中国版本图书馆 CIP 数据核字 (2017) 第 307443 号

三十六计
SANSHILIUJI

出 版 人　孙建军
编　　者　王鸿飞
责任编辑　于　涉　董　芳
责任校对　王　扬　李　萌　薛　雨
排版制作　文贤阁
出版发行　吉林文史出版社有限责任公司
　　　　　（长春市福祉大路 5788 号出版集团 A 座）
　　　　　www.jlws.com.cn
印　　刷　唐山富达印务有限公司
版　　次　2018 年 4 月第 1 版　2020 年 9 月第 2 次印刷
开　　本　710mm × 1000mm　16 开
字　　数　140 千
印　　张　12
书　　号　ISBN 978-7-5472-4731-0
定　　价　22.80 元

翟民安

著名学者、汉语言文学家，北京大学、北京师范大学教授，中国现代语言学奠基人王力得意弟子。

牛兰学

冰心散文奖获得者，河北邯郸市作协副主席，中华伏羲文化研究会全国委员，河北省雁翼研究会理事，邯郸学院客座教授。

厉艳萍

河北省三河市第一中学语文教研组长，高级教师，三河市骨干教师。参编教育部《全日制普通高中语文课程标准》等。

专家编审团

刘解军

高级教师，北京市杨镇一中教师。中国青少年写作研究会、全国中学文学社团研究会秘书长等。

牛国昌

中学高级教师，河北省优秀教师，河北无极中学语文教师。多次获得省市县级模范工作者、优秀班主任等荣誉。

杨岁虎

中学高级教师，甘肃省骨干教师，发表教育文章百余篇。主编参编中学教辅图书多部。

序言
preface

苏联教育家苏霍姆林斯基曾说过：“让孩子变聪明的方法，不是补课，不是增加作业量，而是阅读、阅读、再阅读。”

如果说文化是人类的一份精神遗产，那么阅读就是开启这份遗产的金钥匙。在这份美好的感情和灿烂的文明沃土上，优秀的文学名著传达着人类对生命、对历史、对未来的憧憬和思考，其闪耀的智慧穿越古今中外，经过岁月的磨砺，升华成今天的经典。阅读美好的有价值的文学名著，是了解社会、认知自我的有效途径。

让我们一起日不间断地阅读《论语》《诗经》，阅读《红楼梦》，阅读《雾都孤儿》，阅读《安徒生童话》……我们也许会因为书中一段华丽的诗句而心神激扬，也许会为某个主人公的坎坷遭遇而落泪……任思绪随着书中动人的故事飘飞。阅读的过程就是励志、炼心、启智的过程，是水滴石穿、绳锯木断的过程。长此以往，我们积累的是知识，培养的是情感，塑造的是品格，净化的是灵魂……

这套丛书兼顾各年龄段读者诵读古诗文、现代文学作品，以及外国文学作品等的阅读习惯，设置了知识链接、专家解疑、智慧引路、名家导读、哲理名言、名师点拨、好词好句、阅读思考、名家品评、重点测试等栏目，增加了读者的阅读乐趣。

三十六计

名师导读

名家引路，撷取文章精华，提炼中心思想。

人物介绍

对文中的人物进行综合性的介绍，帮助学生了解故事背景和人物的特点。

千古名句

选取文中名句，方便同学们诵读及辅助语文学习及写作。

哲理名言

一句名言可以影响人的一生。

第一篇

胜战计

"胜战计"是《三十六计》中第一套计，是处于绝对优势地位时使用的计谋。原因在于，敌弱我强时……

第一计　瞒天过海

【出处】▶

几天后，张士贵带着薛仁贵觐见唐太宗，说道："现在有一个老人，能把海水变干，能够帮助我军顺利东征。"……

【译文】▶

当人们把所有的防备都做得比较周密齐全的时候，思想上就容易松懈，对外界放松警惕；当人们对一件事情天天都能看见的时候……

第四计　以逸待劳

【出处】▶

以逸待劳，语出《孙子·军争篇》："**故三军可夺气，将军可夺心。**

★ 人物介绍

薛仁贵（614—683），名礼，字仁贵，山西绛州龙门修村（今山西河津市修村）人，唐朝名将，著名军事家，政治家。

哲理名言

当人们把所有的防备都做得比较周密齐全的时候，思想上就容易松懈，对外界放松警惕。

千古名句

故三军可夺气，将军可夺心。

畅读经典文学名著，启迪智慧，唤醒心灵
轻松提升语文水平，素质阅读，拓展思维

是故朝气锐，昼气惰，暮气归。故善用兵者，避其锐气，击其惰归，此治气者也。以治待乱，以静待哗，此治心者也。以近待远，以佚（同“逸”）待劳，以饱待饥，此治力者也。”又，《孙子·虚实篇》：“凡先处战地而待敌者佚，后处战地而趋战者劳。故善战者，致人而不致于人。”原意是说，**凡是先到战场等待敌人的，就从容、主动，后到达战场的只能仓促应战，一定会疲劳、被动。**【智慧引路：这句话教育我们：做事情一定要从容、主动，如果仓促行事，就会手忙脚乱、事倍功半。想要做到这一点，首先必须珍惜时间。】所以……

计策事例

以逸待劳，疲楚败楚

伍子胥因自己的父兄都被楚王杀害，急于报仇，提出了一个“疲楚”的妙计：【名师点拨：伍子胥之父伍奢为楚平王太子建太傅，因受楚国佞臣费无极谗害，和其长子伍尚一同被楚平王杀害，伍子胥侥幸逃脱到吴国。】把吴国的士兵分为三军，每次用一军去袭扰楚国的边境，一军返回，另一军则出发。这样，自己的军队可以得到充分的休整，而使楚国的军队**疲于奔命**，劳苦不堪。

孙武和伯嚭都认为伍子胥的计策切实可行。**一连六年，吴国用此“疲楚”之计使楚国士卒疲于奔走，消耗了大量实力。**

楚军连年奔走作战，实在是“疲劳”已极，因此，双方军队一交战，楚军就**土崩瓦解**【专家解疑：形容彻底崩溃。】。吴军……

好词好句

疲于奔命

*一连六年，吴国用此“疲楚”之计使楚国士卒疲于奔走，消耗了大量实力。

阅读思考

1.“二桃杀三士”发生在哪个时期的哪个国家？

智慧引路

开启智慧的法门，引领前行，深入思考。

名师点拨

优秀名师领航，荟萃知识要点，轻松掌握重点、难点。

好词好句

内涵丰富的好词佳句，一扫平淡，扩大知识面，轻松掌握语文知识中字词句的要义。

专家解疑

专家智慧解答，排开疑难，扫除阅读障碍。

阅读思考

根据内容提出探索性问题，强化对文章内容的理解。

本书文学地位

I

智谋和计谋在西方是一种禁区，而《三十六计》一书扩大了我对世界认识的一种新视角。

——瑞士著名汉学家　胜雅律

II

《三十六计》是中国战略的经典著作，是一部小百科全书，其关于战略的描述要比克劳塞维茨的《战争论》精细得多。它既适用于具体的战术，也适用于重大的政治抉择，各行各业领导人都能从中找到新的秘诀。

——法国海军上将　科拉斯特

III

《三十六计》虽说是一部军事著作，但其蕴含的深刻哲理在政治、经济等领域得到广泛的运用，是历代政治家、军事家和商业巨子都会潜心研究的著作。

——英国知名人士　斯摩尔泰

IV

中国的《三十六计》是“运筹帷幄的诀窍”，被广泛运用于社会生活的各个方面，特别是企业经营和相互之间的竞争上。

——日本学者、企业家　大桥武夫

知识链接

作品速览

《三十六计》，又称三十六策，指中国古代三十六个兵法策略，词源于南北朝，成书于明清。是我国古代兵家计谋的总结和军事谋略学的宝贵遗产，其中大部分来自孙武的作品《孙子兵法》中，推测是后人在研习《孙子兵法》过程中不断总结，采集群书，编撰而成的。

“三十六计”这个词语来源可考自南朝宋将檀道济（？—436），据《南齐书·王敬则传》：“檀公三十六策，走为上计，汝父子唯应走耳。”意思为在败局已定、无可挽回的情况下，只有暂时退却才是上策。这句话被后人赓相沿用，如宋朝惠洪《冷斋夜话》中便有：“三十六计，走为上计。”

原书按计名排列，六计为一套，共有胜战计、敌战计、攻战计、混战计、并战计、败战计六套。前面三套是处于优势时用的计策，后面三套是处于劣势时用的计策。其中每计名称后面的解说，都是根据《易经》中阴阳变化的道理和古代兵家刚柔、奇正、攻防、彼己、虚实、主客等对立关系相互转化的思想推演成的，含有朴素的军事辩证法的因素。解说后面的按语，多引证孙武、吴起、尉缭子等兵家的精辟语句，并包含宋朝以前的典型战例。

为便于人们熟记这三十六条妙计，有位学者在三十六计中每取一字，依序组成一首诗："金玉檀公策，借以擒劫贼，鱼蛇海间笑，羊虎桃桑隔，树暗走痴故，釜空苦远客，屋梁有美尸，击魏连伐虢。"全诗除了"檀公策"外，每个字都包含着三十六计中的一计。

关于《三十六计》的作者，一直是个谜。之前人们认为"三十六计"这个词来源于南朝檀道济，但是并没有确定这本书的作者，大都认为此书成于明清时期。后来，在济宁市发现了一部隋朝玉简《三十六计》，经过相关专家研究考证，认为《三十六计》的作者可以基本确定为南北朝时的名将檀道济。

作者简介

檀道济（？—436），祖籍高平金乡（今属山东金乡县卜集乡檀庄），出生于京口（今江苏镇江），南朝宋著名将领，左将军檀韶的弟弟。

檀道济出身寒门，自幼父母双亡，在居丧期间十分重礼，事奉兄姊以和蔼谨慎著称。他从军二十多年，深通谋略，极善用兵，功勋卓著，官至征南大将军，是刘宋王朝的开国元勋。

公元 416 年（东晋安帝义熙十二年），刘裕北伐，檀道济担任先锋从淮河、淝水出发，所到之处，各城都纷纷投降，进而攻克许昌，直进洛阳，平定长安，立下赫赫战功。

公元 420 年，刘裕废东晋恭帝司马德文，自立为帝，国号大宋，定都建康。此后，檀道济更受倚重。

公元 429 年，宋文帝刘义隆派檀道济率军北伐，在粮道被北魏军队截断的情况下，檀道济冷静地依靠智谋，保全了军队，使刘宋大军最终安全地返回。此后，北魏军队轻易不敢南犯。

然而，由于檀道济在军队中的威信名望特别高，左右心腹也都是身经百战的勇将，如司空参军薛彤和高进之二人。他的儿子们也很有才气，在朝廷内外很有影响。正因如此，宋文帝刘义隆对他一直很不放心。

公元 435 年，宋文帝病重，恰逢鲜卑人进犯边境，于是召檀道济入朝。公元 436 年春，宋文帝再次发病，彭城王刘义康担心皇帝驾崩后，檀道济不可控制，于是将其逮捕，连其儿子和部属一并处死。后来，刘义隆见到北魏军肆意横行，而朝中又缺乏栋梁之材时，才后悔错杀了檀道济。

檀道济一生戎马倥偬，战绩卓著，并根据自己多年的战争经验，总结出“三十六计”，为后世留下了宝贵的军事著作遗产，被载入史册。

创作背景

檀道济出生于东晋末年，活跃于南北朝时期。南北朝是中国历史上最为分裂、动荡的时期之一，分为南朝和北朝。南朝依次是宋、齐、梁、陈；北朝是北魏、东魏、西魏、北齐、北周。

东晋末期，由于军职大多由世族或次级世族等担任，因此南朝各国皇族也主要是世族或次级世族。

在执政者的努力下，南朝先后出现“元嘉（宋文帝刘义隆年号）之治”与“永明（齐武帝萧赜的年号）之治”等治世，使得国力强盛。然而，声誉深重的主流世族虽然拥护皇帝，但却只是为了保有自己的政治地位而已，并非全然支持皇室，所以皇帝不得不扶持寒门担任军职或次要官职以平衡政治势力，这无疑给檀道济这种寒门出身的人提供了崭露头角、建功立业的机会。

以南朝宋的建立者刘裕为例，他是汉朝楚元王刘交之后，隆安三年（399）参军起义，对内平定战乱，先后消灭刘毅、卢循、司马休之等分裂割据势力，使南方出现了百年未有的统一局面；对外致力于北伐，消灭桓楚、西蜀、南燕、后秦等国。掌握大权后，他曾两度北伐，收复洛阳、长安等地，功勋卓著，后功高震主，篡晋自立，建立刘宋王朝。作为刘裕麾下的著名将领，檀道济因此成为刘宋王朝的开国元勋。

当时，统治阶级内部因为争夺皇位的斗争，宗室血腥事件和重臣叛乱时有发生，如檀道济就曾参与宋少帝刘义符被废事件和平定谢晦叛乱。同时，南朝与北朝之间的战争更是此起彼伏。因而檀道济二十多年的戎马生涯，几乎都是在征战中度过，积累了丰富的作战经验，这无疑为他总结“三十六计”提供了丰富的理论基础。

主角秀场

>> 孙　膑

孙膑，生卒年不详，原名不详（一说因受过膑刑故名孙膑），战国初期著名军事家，兵家代表人物。孙膑是孙武的后代，出生于阿、鄄之间（今山东阳谷县阿城镇、鄄城县北一带），受同窗庞涓迫害而惨遭膑刑，后在齐国使者的帮助下投奔齐国。他身残志坚，两次击败庞涓，取得了桂陵之战和马陵之战的胜利，不仅自己得以报仇，也奠定了齐国的霸业。

>> 白　起

白起（？一前 257），芈姓，白氏，名起。战国时期秦国郿（今陕西眉县）人，秦国名将。因是楚太子建之子白公胜之后，故又称公孙起。他“胆力绝众，才略过人”，曾在伊阕之战中大破魏韩联军，攻陷楚国国都郢城，长平之战重创赵国主力，功勋显赫，是历史上继孙武、吴起之后杰出的军事家、统帅之一，位列“战国四大名将（白起、廉颇、李牧、王翦）”之首，号称“人屠”。

>> 韩 信

韩信（约前231—前196），淮阴（今江苏淮安淮阴区）人，西汉开国功臣，杰出的军事家，与萧何、张良并列为“汉初三杰”。他早年家贫，常从人寄食，受“胯下之辱”，于秦末参加反秦斗争投奔项羽，未得重用。后离楚归汉，得萧何赏识和举荐，被刘邦拜为大将军，在楚汉战争中发挥其卓越的军事才能，助刘邦平定天下。韩信是中国军事思想“谋战”派代表人物，被萧何誉为“国士无双”，被后人奉为“兵仙”“战神”。

>> 诸葛亮

诸葛亮，字孔明，号卧龙，是三国时期蜀汉的丞相，中国历史上杰出的政治家、军事家、发明家。他胸怀坦荡，足智多谋，料事如神，是刘备集团最重要的谋臣，辅助刘备夺取荆州、益州、治理蜀地，功绩卓著。为了兴复汉室，他亲自平定南中，五次北伐中原，可惜“出师未捷身先死”，因积劳成疾病逝于军中，留下“长使英雄泪满襟”的千古遗憾。

作品影响

《三十六计》是我国古代军事思想优秀代表，是中华民族悠久灿烂的文化遗产之一。

《三十六计》是兵家计谋的总结和军事谋略学的宝贵遗产，被誉为东方思想宝库的“明珠”，与《孙子兵法》并称为古代兵法双绝。

《三十六计》是根据我国古代卓越的军事思想和丰富的斗争经验总结而成的兵书，含有朴素的军事辩证法的因素，被古人视为智慧的源泉、胜利的根本，并被我国乃至世界各国人士奉为文化瑰宝。

目录
|Contents|

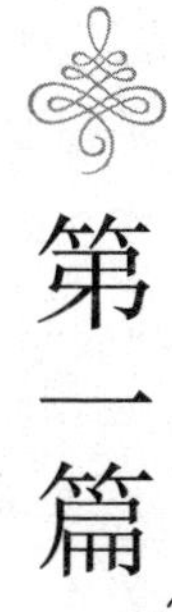

第一篇

胜战计

“胜战计”是《三十六计》中第一套计，是处于绝对优势地位时使用的计谋。原因在于，敌弱我强时，一般战则必胜，但常言道“杀敌一千，自损八百”，精明的将领都不会做这种“赔本买卖”，因此仍需使用巧妙的计谋，以减免己方的损失。那么，优秀的将领在这种情况下会怎么做呢？这些计策在生活中该怎样巧妙应用呢？一起来看本篇内容。

第一计　瞒天过海

【出处】

“瞒天过海”的计名来自于一个传说。据说在唐贞观十七年（643）李世民率领三十万大军征讨高句丽，却因不知道怎样渡海而犯愁。

几天后，张士贵带着**薛仁贵**觐见唐太宗，说道：“现在有一个老人，能把海水变干，能够帮助我军顺利东征。”唐太宗召见了那位老人，夸他的法术奇特，并且大摆筵宴，召集群臣与老人一起欢饮作乐。

★ 人物介绍

薛仁贵（614—683），名礼，字仁贵，山西绛州龙门修村（今山西河津市修村）人，唐朝名将，著名军事家，政治家。

过了很长时间，突然风声四起，**涛声如雷**【名师点拨：“涛声如雷”是比喻的说法，即将涛声比作雷声，生动地表现了涛声之大，侧面反映出海浪的汹涌澎湃。】，桌上的杯盏倾倒，周围摇摇晃晃，唐太宗询问原因，近臣揭开幕布让唐太宗看，只见四处都是茫茫大海，水天一色。太宗问道：“这是哪里，为什么如此波涛汹涌，海浪翻天？”这时候，张士贵、薛仁贵才如实道来：“这是臣下用的‘瞒天过海’之计，借风之势，三十万大军已经过了大海，马上就快到东岸了。”这就是传说中薛仁贵用的“瞒天过海”之计。这里的“天”，指的是**天子**【专家解疑：指国王或皇帝（奴隶社会和封建社会的统治阶级把他们的政权说成是受天命建立的，因此称国王或皇帝为天的儿子）。】，“瞒天过海”，就是指瞒着天子，使其在不受惊扰的情况下，顺利地渡过大海。

【原文】▶

备周则意怠①，常见则不疑。阴在阳之内，不在阳之对②。太阳，太阴③。

【注释】▶

①备周则意怠：备，防备。周，周密，周到。意，意志，思想。怠，懈怠，松懈。全句意为：防备十分周密，容易使自己有恃无恐，

干古名句

备周则意怠，常见则不疑。

意志松懈。

②阴在阳之内，不在阳之对：阴，这里指的是秘密谋略。阳，这里指公开的行动。对，对立、相反的方面。全句意为：秘密的谋略就隐藏在公开的行动之中，而不与公开行动相对立。

③太阳，太阴：太，这里指的是极端、特别、非常之意。全句意为：在最公开的行动后面往往隐藏着最秘密的阴谋。

【译文】

当人们把所有的防备都做得比较周密齐全的时候，思想上就容易松懈，对外界放松警惕；当人们对一件事情天天都能看见的时候，就会忽略其中的可疑迹象。机密往往隐藏在公开的事物当中，而不是在公开事物的对立面上。毫无遮掩的表面现象背后往往隐藏着非常诡秘的军事谋略。

【按语】

阴谋作为，不能于背时秘处行之[①]。夜半行窃，僻巷杀人，愚俗之行[②]，非谋士[③]之所为也。昔孔融被围[④]，太史慈将突围求救，乃带鞭弯弓，将两骑自从，各作一的[⑤]持之。开门出，围内外观者并骇。慈竟引马至城下堑内，植[⑥]所持的射之，射毕，还。明日复然，围下

哲理名言

当人们把所有的防备都做得比较周密齐全的时候，思想上就容易松懈，对外界放松警惕。

千古名句

阴谋作为，不能于背时秘处行之。夜半行窃，僻巷杀人，愚俗之行，非谋士之所为也。

之人，或起或卧。如是者再，乃无复起者。慈遂严行蓐食，鞭马直突其围，比⑦敌觉，则驰去数里矣。

【注释】

①不能于背时秘处行之：背时，趁着没人在的时候。秘处，隐秘之处。全句意为：（机密的谋略）不能在背着人的时候或者是在隐蔽之处进行。

②愚俗之行：愚，愚蠢。俗，庸俗，鄙俗。全句意为：这是愚蠢、鄙俗的人的行为。

③谋士：智谋之士。

④孔融被围：孔融，东汉末年曾任北海相。孔融被围，是指孔融任北海相时，被黄巾军首领管亥率军包围之事。

⑤的：这里指箭靶。

⑥植：这里指树立。

⑦比：这里作“等到”解。

【译文】

计谋的策划要秘密进行，计谋的实施却不能在暗地里偷偷进行。在夜半更深时偷窃，在僻静小巷里杀人，都是愚昧低级的行为，不是真正具有智谋的人所做的事情。三国时，孔融在北海被敌人包围。太史慈准备冲出重围去求救，他带着马鞭和弓箭，让两名骑兵各扛着一个靶子跟在后面，打开城门走出来。包围圈内外的人看到都感到很惊奇，太史慈却若无其事地牵着马来到城下的堑壕内，立起靶子，开始练习射箭，射完就返回城里。第二天还是这样做，围城的敌人

★ 人物介绍

孔融（153—208），字文举。鲁国（治今山东曲阜）人。东汉末年文学家，“建安七子”之一，家学渊源，是孔子的第二十世孙，太山都尉孔宙之子。

有的站着，有的躺着，不再注意他。这样连续几天，敌人中竟没有人理会他了。看到这种情况，太史慈早早地吃了饭，做了充分的准备，突然**快马加鞭**【专家解疑：对快跑的马再打几鞭子，使它跑得更快，比喻快上加快。】直接冲出包围圈，等到敌人明白过来，他已经跑出去好几里地了。

名家评析

“瞒天过海”的计策和“欺上瞒下”“掩耳盗铃”以及小偷小摸、谋财害命之类不一样，那些见不得人的勾当不是一个谋士该做的事情。虽然这两种都有骗人的意思，但其动机、性质、目的是不同的，不可以混为一谈。这一计能够运用，常常是由于人们在观察处理事情的时候会对见惯的事情不以为意，所以能够乘虚而入示假隐真，掩盖某种军事行动，把握时机，出奇制胜。

计策事例

秘不发丧，鱼臭惑众

秦始皇三十七年冬天，秦始皇再一次巡游东南，小儿子胡亥与丞相李斯陪同左右。

在巡游返回的路上，秦始皇病倒了，病情恶化，便命令赵高写**诏书**【专家解疑：皇帝颁发的命令。】给在边疆给蒙恬做监军的长子扶苏，命他：“立即回咸阳，主持丧事，然后安葬。”秦始皇病死在沙丘平台宫。丞相李斯担心皇帝在都城外死去，诸公子和天下百姓有可能趁机作乱，于是隐瞒消息没有**发丧**【专家解疑：①丧家向亲友等宣告某人死去。②办理丧事。】。

只有胡亥、赵高以及最宠信的五六个宦官知道秦始皇已经死去。

当初，秦始皇器重蒙氏兄弟，对他们特别信任。蒙恬带领重兵守卫边疆，其弟蒙毅在朝廷中参谋决策，兄弟两人被称为忠信之臣，所以即使是将军、丞相也不敢与他们比一下高低。

后来赵高犯罪，秦始皇派蒙毅审理他的罪案。

蒙毅依法判处他死刑。秦始皇念赵高处事机敏，就特别赦免了他，并且恢复了他原来的官职。【智慧引路：蒙毅依法办事，这是值得称颂的，而秦始皇以权乱法，最后却毁了他建立的秦朝。现在是法治社会，我们做任何事情都不能违反法律，否则就会受到法律的制裁。】赵高一向受到胡亥的信赖，而且又怨恨蒙氏兄弟，便趁机劝说胡亥假传始皇帝的圣旨，诛杀扶苏而立胡亥为太子。

胡亥欣然听从了他的计谋。丞相李斯考虑再三，认为赵高的计谋对自己有利，就与他合谋，假称接受始皇帝的遗诏，将胡亥立为太子，赐死扶苏和蒙恬，蒙毅也不能幸免。

巡游的皇家车队从井陉赶往九原，时值暑期，车中的秦始皇尸体已开始腐烂、臭气熏天。李斯迫不得已下令跟从的官员设法在车上装载一些鲍鱼，利用奇臭的鱼腥气味来迷惑众人，使人分辨不清究竟是什么臭味。他们直到回到咸阳后才正式给秦始皇发丧，太子胡亥正式继承帝位，史称“秦二世”。

第二计　围魏救赵

【出处】

事见《史记·孙子吴起列传》，是讲战国时期齐国与魏国的桂陵之战。公元前354年，魏惠王欲释失中山的旧恨，便派大将庞涓前去攻打。中山原本是东周时期魏国北邻的小国，被魏国打败，后来赵国乘魏国国丧伺机将中山强占了，魏将庞涓认为中山不过**弹丸**【专家解疑：①弹弓所用的铁丸或泥丸。②枪弹的弹头。】之地，距离赵国又很近，不如直接攻打赵国都城邯郸，既解旧恨又一举两得。

魏王从之，欣欣然似霸业从此开始，即拨五百战车以庞涓为将，直奔赵国，包围了赵国都城邯郸。赵王急难中只好求救于齐国，并许诺解围后以中山相赠。齐威王应允，令田忌为将，并起用从魏国救得的孙膑为军师领兵出发。这孙膑曾与庞涓是同学，对用兵之法极为精通。**昔日魏王用重金将他聘得，当时庞涓也正供职于魏国，庞涓自觉能力不及孙膑，恐其宠于己，遂以毒刑将孙膑致残，并在他脸上刺字，企图使孙膑不能行走，又羞于见人。**【智慧引路：生活中，当我们发现自己不如别人时，应及时查找自己的不足，虚心向别人学习，争取早日迎头赶上，不能像庞涓一样因嫉妒而作恶。】后来孙膑装疯，幸得齐使者救助，逃到齐国。这是一段关于庞涓与孙膑的旧事。

且说田忌与孙膑率兵进入魏赵交界之地时，田忌想直逼赵国邯郸，孙膑制止说：解开乱丝结，不可以握拳去打；排解争斗，不能参与搏击。平息纠纷要抓住要害，乘虚取势，双方因受到制约才能自然分开。现在魏国精兵倾国而出，若我直攻魏国。那庞涓必回师解救，这样一来邯郸之围定会自解。我们再于中途伏击庞涓，其军必败。田忌依计而行。果然，魏军离开邯郸，归路中又陷伏击，与齐战于桂陵。魏部卒长途跋涉疲惫不堪，溃不成军，庞涓勉强收拾残部，退回大梁，齐师大胜，赵国之围遂解。这便是历史上有名的“围魏救赵”的故事。**又后十三年，齐魏之军再度相交于战场，庞涓复又陷于孙膑的伏击，自知智穷兵败，遂自刎。孙膑以此名显天下，世传其兵法。**【智慧引路：庞涓为名利而残害同门的孙膑，最终恶有恶报，被孙膑逼上死路。现实中，同学、朋友之间要相亲相爱，互帮互助，共同进步，快乐成长。】

【原文】

共敌不如分敌①，敌阳不如敌阴②。

【注释】

①共敌、分敌：这里是指集中的敌人与分散的敌人。

②敌阳不如敌阴：敌，攻打。阳，这里是指公开、正面、先发制人。阴，这里是指隐蔽、侧面、后发制人。敌阳不如敌阴，指正面攻敌，不如从侧面攻敌。

【译文】

与其和兵力集中在一起的敌人对抗，不如设法先分散敌人的兵力，再各个击破；**直接打击气势旺盛的敌人，不如等敌人的气势消退后再打。**

【按语】

治兵如治水，锐者避其锋，如导疏；弱者塞其虚，如筑堰。故当齐救赵时，孙子谓田忌曰：“夫解杂乱纠纷者不控拳，救斗者，不搏击[①]。批亢捣虚[②]，形格势禁[③]，则自为解耳。”（《史记·孙子吴起列传》）

【注释】

①救斗者，不搏击：搏，打。全句意为：要解救打架的人，自己不能参与打斗。

②批亢捣虚：批，用手打击、攻击。亢，咽喉，比喻要害之处。全句意为：攻击要害之处，攻打薄弱环节。

③形格势禁：格，受阻碍。全句意为：受阻碍的困难局面。

哲理名言

直接打击气势旺盛的敌人，不如等敌人的气势消退后再打。

千古名句

治兵如治水，锐者避其锋，如导疏；弱者塞其虚，如筑堰。

【译文】

治兵就像治理洪水一样，对于来势凶猛的敌人，要避开它的锋芒，就好比治理洪水要导流一样。对于弱的敌人，要堵住它、歼灭它，就好比治理洪水要修筑河堤一样。所以，当齐国派兵去解赵都邯郸之围时，孙膑对田忌说："要解开杂乱纷繁的纽结，不能握紧拳头去打；要解救打架的人，不能自己参与打斗。**只要抓住敌方要害，攻其虚弱之点，使敌方处于受阻的困难局面，赵都之围便自然而然解除了。**【智慧引路：生活中也是如此，在处理问题或解决困难的时候，只要抓住其中的关键，一切难题都可以迎刃而解。】"

名家评析

跟敌人作战就好像治水一样，敌人势力强大，要避开敌人的攻击，就要用疏导的方法把水分别排走。对于势力小的敌人，就要抓住机会灭掉它，就像筑堤建坝，不能让水流走。这种做法也体现了政治哲学中的"抓住主要矛盾"的方法论。

计策事例

避开强势，攻其必救

战国时期战争频繁，军事人才辈出。【名师点拨：战国时最著名的军事人才，莫过于李牧、白起、廉颇、王翦四大名将。他们从军中最基层的军官做起，一步步成长为秦国、赵国的大将，代表着战国时期实战的最高水准。】庞涓、孙膑就是其中的佼佼者。相传二人同出于鬼谷子门下，一个事魏，一个事齐，各为其主，战场相逢，斗智斗勇。

庞涓投奔魏惠王后，一连打了几个胜仗，深得魏惠王信任。

庞涓虽然自以为是了不起的能人，可是他知道，他的同窗齐国人孙膑，对用兵之法更为**谙熟**【专家解疑：熟悉（某种事物）。】精通。

庞涓自觉能力不及孙膑，于是将孙膑骗到魏国，施毒刑将孙膑致残，企图使孙膑既不能行走，又羞于见人。后来孙膑装疯，幸得齐使者救助，逃到齐国，深得齐威王信任。

公元前353年，魏惠王派庞涓攻打赵国。齐威王应赵王之请求，任命田忌为**元帅**【专家解疑：①某些国家的军衔，高于将官。②古时称统率全军的主帅。】，孙膑为军师，率领一支八万人的军队去救援赵国。

当田忌与孙膑率兵进入魏赵交界之地时，田忌想直逼赵国邯郸，以解赵围。孙膑制止，对田忌说："要解开乱麻，不能用蛮力强拉硬扯；要排解打架的纠纷，不能手持武器帮着击刺而把自己也卷进去。避开其强势，直接攻击其空虚部位，利用形势迫使他们不得不停止，则事情自然便解决了。现在魏军和赵国互相攻打，精锐部队必然都在外面战斗。而留在家里的都是些老弱残兵。将军不如率领军队直接攻打魏国首都大梁，占据魏国的交通要道，攻打魏国防务空虚的地方。那么魏国必然会放弃赵国，回军来救魏国。这样齐军既可以救赵，又可以调动魏军跋涉奔走，趁魏军疲惫之时一举击败魏军。我们不但解了赵国的围，而且也坐享击败魏国疲惫之师的利益。"

田忌依计而行。果然，回援大梁的魏军在桂陵山地陷入齐军埋伏，被打得大败。庞涓勉强收拾残部，退回大梁，齐师大胜，赵国之围得以解决。【智慧引路：生活中也是这样，有的时候以硬碰硬并不是好的方法，我们应学会避实就虚，达到以逸待劳、化被动为主动的目的。】

"围魏救赵"，变攻坚为击虚，变被动趋战为以逸待劳，变击敌有备为出其不意，比直趋邯郸参战确实高明得

多。它的基本思想是趋利避害、机动歼敌。

对敌作战，好比治水，敌人势头强大，就要躲过冲击，如用疏导之法分流。对弱小的敌人，就抓住时机消灭它，就像筑堤围堰，不让水流走。

第三计　借刀杀人

【出处】

本计多次出现在春秋战国的史书中，而“借刀杀人”这个词，则出现在明朝戏剧《三祝记》中：“这所谓借刀杀人，又显得恩相以德报怨，此计何如。”这出戏写的是**范仲淹**的政敌想让他担任军队统帅——环庆路经略招讨使，前去平息赵元昊的叛乱，借西夏人的手杀了范仲淹的故事。

这一计的特点是：利用矛盾，借助敌方或是盟军的力量，打击敌对势力。本计的关键在于，要善于抓住并利用敌人的矛盾，包括敌人内部之间的矛盾和敌人与盟军的矛盾，想办法扩大、激化这些矛盾，致使敌人自我争斗，或者是使敌人与盟军争斗，以达到削弱或消灭敌军的目的。因此，在军事上，这一计策的运用多要得到间谍【专家解疑：潜入敌方或外国，从事刺探军事情报、国家机密或进行颠覆活动的人。】的帮助。

【原文】

敌已明，友未定①，引友杀敌，不自出力，以《损》推演②。

★ 人物介绍

范仲淹（989—1052），字希文，北宋著名的思想家、政治家、军事家、文学家。他政绩卓著，文学成就突出，对后世影响深远。

【注释】

①敌已明，友未定：指打击的敌对目标已经明确，而盟友的态度却一时尚未确定。

②以《损》推演：根据《损卦》“损下益上”“损阳益阴”的逻辑去推演。

【译文】

当对敌方的情况已经很了解，而友军态度还犹豫不决的时候，就要想办法诱导友军出兵攻打敌人，使自己的兵力避免遭受损失，以保存自己的实力，【名师点拨：古代战争中的盟友，大多是因利益而暂时捆绑在一起的，随时可能变化成敌人。因此，让友军与敌人血拼而保存自己的实力是一种常见的谋略。】这是根据《损》卦的卦象推演而来的计谋。

【按语】

敌象已露，而另一势力更张[①]，将有所为，便应借此力以毁敌人。如：郑桓公将欲袭郐[②]，先向郐之豪杰、良臣、辨智、果敢之士尽书姓名，择郐之良田赂之，为官爵之名而书之，因为设坛场郭门之处而埋之，衅之以鸡猪，若盟状[③]。郐君以为内难[④]也，而尽杀其良臣。桓公袭郐，遂取之（《韩非子·内储说下》）。

诸葛亮之和吴拒魏，及关羽围樊、襄，曹欲徙都，懿及蒋济说曹曰：“刘备、孙权外亲内疏，关羽得志，

千古名句

敌象已露，而另一势力更张，将有所为，便应借此力以毁敌人。

权所不愿也。可遣人劝蹑其后，许割江南以封权，则樊围自释。”曹从之，羽遂见擒（《长短经·格形》）。

【注释】▶

①敌象已露，而另一势力更张：敌象，攻击的对象。张，伸展。全句意为：打击对象已经明确，而另一种势力正在扩张。

②郐：周朝国名，在今河南密县东北。

③衅之以鸡猪，若盟状：衅，杀牲以血涂于器皿上祭祀。盟，在血祭前发誓缔约。全句意为：用公鸡、公猪等牺牲品举行血祭，好像发誓缔约结盟一样。

④内难：内乱。

【译文】▶

敌人的情况已经明了，而与此同时还有另外一种强大的力量在扩张，将要有所行动，**这种情况下就应当借用这一强大的力量去消灭我们的敌人。**【智慧引路：生活中，我们遇到自己无法解决的困难时，也要学会借助他人的力量。同时，当别人向我们寻求帮助时，我们也要尽可能地伸出援助之手。】就好比郑桓公在将要攻郐国之时，先将郐国的豪杰、良臣、辩智、英勇果敢之士的名单列出来，并公开张贴布告，说将要选取郐国的良田赠送给他们，给他们封各种名称的官爵，并在城郊设起祭坛，把名单埋在地下，用公鸡、公猪做祭品，装出一副盟誓的样子。致使郐国国君误以为国内的这些豪杰、良臣都要勾结郑国作乱，便按照以上公布的名单把他们一个个杀掉了。看到郐国豪杰、良臣都已被除尽，桓公便立即攻打并占领郐国（见《韩非子·内储说下》）。

诸葛亮与吴国结盟，抗拒魏国。当关羽围攻魏地襄阳、樊城时，曹操打算迁都，司马懿及蒋济劝曹操道：“刘备、孙权表面上是亲戚，其实彼此都心存**芥蒂**【专家解疑：梗塞的东西，比喻心里的嫌隙或不快。】。关羽得志，孙权却不甘心。因此，我们可以派人跟随孙权做说客，答应将江南的土地割让出来封给孙权，这样，樊城之围将自然解除。”曹操听从此计，关羽终于兵败麦城，被吴军擒获（见《长短经·格形》）。

名家评析

这一计策多是封建官僚之间**尔虞我诈**【专家解疑：彼此猜疑，互相欺骗。也说尔诈我虞。】、相互利用的一种政治权术。用在军事上，主要体现在善于利用第三者的力量，或者善于利用或者制造敌人的内部矛盾，达到取胜的目的。学会识别这一计谋可以防止上大当，吃大亏。

计策事例

二桃杀三士

公孙接、田开疆、古冶子三人侍奉景公，以勇力搏虎而闻名于世。

有一天，**晏子**从他们三个人身旁经过时，小步快走以示敬意，但这三个人却不起来，对晏子非常无礼。对此，晏子极为生气，便去觐见齐景公，说三人傲慢无礼，是祸国殃民的人，建议将其除掉。景公担心无人是三人的对手，于是晏子想出一条妙计，请景公派人赏赐他们两个桃子，对他们说道：“你们三个人就按功劳大小去分吃这两个桃子吧！”

公孙接列举了“打败野猪和母老虎”的功劳，田开疆列举了“两次击退敌军”的功劳，各拿了一个桃子。

★ 人物介绍

晏子即晏婴（前578—前500），字仲，谥平，习惯上多称平仲，夷维（今山东）人，春秋时期著名政治家、思想家、外交家。

古冶子说：“我曾经跟随国君横渡黄河，大鳖咬住车左边的马，拖到了河的中间，那时，我不能在水面游，只有潜到水里，顶住逆流，潜行百步，又顺着水流，潜行了九里，才抓住那大鳖，将它杀死了。**我左手握着马的尾巴，右手提着大鳖的头，像仙鹤一样跃出水面。**【名师点拨：这句话运用比喻的修辞手法，将古冶子比作仙鹤，表现出他动作轻盈的特点，侧面反映出他的力量之大。】渡口上的人都极为惊讶地说：‘河神出来了。’仔细一看，原来是鳖的头。像我这样的功劳，只可以自己单独吃一个桃子，而不能与别人共吃一个！你们两个人为什么不快把桃子拿出来！”说罢，便抽出宝剑，站了起来。公孙接、田开疆说：“我们勇敢赶不上您，功劳也不及您，拿桃子也不谦让，这就是贪婪啊，然而还活着不死，那还有什么勇敢可言？”于是，他们二人都交出了桃子，并刎颈自杀了。古冶子看到这种情形，说道：“他们两个都死了，唯独我自己活着，这是不仁；用话语去羞辱别人，吹捧自己，这是不义；悔恨自己的言行，却又不敢去死，这是无勇。虽然如此，他们两个人若是同吃一个桃子，是恰当的；而我独自吃另一个桃子，也是应该的。”**他感到很羞惭，放下桃子，刎颈自杀了。**【名师点拨：这则故事是夸赞晏子的谋略和机智，但也从侧面告诫后人：一个人若过于骄狂，必惹来许多非议，难免自取祸败。】

第四计 以逸待劳

【出处】

以逸待劳，语出《孙子·军争篇》：“**故三军可夺气，将军可夺心。**是故朝气锐，昼气惰，暮气归。故善用兵者，避其锐气，击其惰归，此治气者也。以治待乱，以静待哗，此治心者也。以近待远，以佚（同

千古名句

故三军可夺气，将军可夺心。

"逸")待劳，以饱待饥，此治力者也。"又《孙子·虚实篇》："凡先处战地而待敌者佚，后处战地而趋战者劳。故善战者，致人而不致于人。"原意是说，**凡是先到战场等待敌人的，就从容、主动，后到达战场的只能仓促应战，一定会疲劳、被动。**【智慧引路：这句话教育我们：做事情一定要从容、主动，如果仓促行事，就会手忙脚乱、事倍功半。想要做到这一点，首先必须珍惜时间。】所以，善于指挥作战的人，总是调动敌人，而绝不会被敌人调动。

【原文】▶

困敌之势[1]，不以战；损刚益柔[2]。

【注释】▶

①势：情势，趋势。这里主要指的是军事态势。

②损刚益柔：语出《易·损·彖》："……损刚益柔有时……"损卦为兑下艮上，是由泰卦乾下坤上变来的。泰卦的九三变为损卦的上九，而泰卦的上六则变为损卦的六三，说明由泰卦变为损卦是损乾益坤、损刚益柔的结果。但这种损刚益柔只要因时也会吉利。

【译文】▶

使敌人的势力损耗，不需使用武力；敌方刚强【专家解疑：（性格、意志）坚强，不怕困难或不屈服于恶势力。】之势消耗了，我方的力量自然就会增强。

【按语】▶

此即致敌[1]之法也。兵书云："凡先处战地而待敌者佚[2]，后处战地而趋战者劳。故善战者，致人而不致于人[3]。"（《孙子·虚实篇》）兵书论敌，此为论势，

则其旨非择地以待敌，而在以简驭繁，以不变应变，以小变应大变，以不动应动，以小动应大动，以枢应环[④]也。如：管仲寓军令于内政，实而备之（《史记·管晏列传》）；孙膑于马陵道伏击庞涓[⑤]（《史记·孙子吴起列传》）；李牧守雁门，久而不战，而实备之，战而大破匈奴（《史记·廉颇蔺相如列传》）。

【注释】

①致敌：致，招引，引申为调动。致敌，即调动敌人。

②佚：同“逸”，安闲。指从容休整。

③致人而不致于人：即调动敌人而不被敌人所调动。

④以枢应环：枢，枢纽，引申为事物的关键。环，圆形之物。大意指把握事物的关键，从容应付周围事物的变化。所以，《庄子·齐物论》说：“枢，始得其环中，以应无穷。”

⑤马陵道伏击庞涓：马陵，今山东范县西南。周显王二十七年（前342），魏国联合赵国攻打韩国。韩国忙向齐国求救，齐威王任命田忌为将，孙膑为军师，率军直逼魏国国都大梁（今河南开封西北），迫使魏军弃韩自救。孙膑用退兵减灶的计谋，在道路狭窄、地势险要的马陵道设埋伏，一举歼灭魏军追兵。魏将庞涓知败局已定，愧愤自杀。

【译文】

这是调动敌人的方法。兵书上说了：“凡是先在战场上等着敌人来的轻轻松松，而后赶到战场上来的疲惫不堪。所以善于打仗的人，制人而不受制于人。”（见《孙子·虚实篇》）兵书上是在讨论制敌之法，**而我们三十六计这里是讨论势——气势的势，而不是鼓励让你就蹲在那里等敌人来；**【智慧引路：计谋的运用，关键在于灵活变通，死守兵法教条的将军是打不了胜仗的。生活中，我们做事情也要懂得变通，因势利导，不必拘泥于固定方法。】这一计里面的精神主旨是：以简单驾驭繁杂；以不变应付万变，以小变应付大变；以不动应付万动，以小动应付大动，把握事物的关键，从容应对。比如管仲将军令寓于内政事务之中，以扎扎实实加强战备（见《史记》卷六二《管晏列传》）；孙膑在马陵道伏击庞涓（见《史记》卷六五《孙子吴起列传》）；以及**李牧**坚守雁门，久不出击，只是不断充实、装备自己，最终大破匈奴（见《史记》卷八一《廉颇蔺相如列传》）。

名家评析

按语举了管仲治国备战、孙膑马陵道伏击庞涓、李牧大破匈奴的事实，证明了调动敌人，以逸待劳，是“无有不胜”之法。强调用关键性的条件，来应对无穷无尽、千变万化的“环”，即四周的情况。掌握战争的主动权是本计的关键。谁人不知，两个人对打，聪明的人往往退让一步，蠢人则气势汹汹，一开始就用尽浑身本事，结果往往被前者打倒。《水浒传》里的洪教头，在柴进家中要打林冲，连唤几个“来来”，结果却使退让的林冲看出洪教头的破绽，一脚踢翻了洪教头。

计策事例

以逸待劳，疲楚败楚

春秋时期，吴王阖闾在大将孙武、大夫伍子胥、太宰伯嚭的辅佐下，国力大增。

★ 人物介绍

李牧（？—前229），嬴姓，李氏，名牧，柏仁（今邢台隆尧）人，战国时期赵国军事家。先在赵国北部边境抗击匈奴，后以抵御秦国为主，后因秦国离间而被剥夺兵权，惨遭杀害。

伍子胥因自己的父兄都被楚王杀害，急于报仇，提出了一个“疲楚”的妙计：【名师点拨：伍子胥之父伍奢为楚平王太子建太傅，因受楚国佞臣费无极谗害，和其长子伍尚一同被楚平王杀害，伍子胥侥幸逃脱到吴国。】把吴国的士兵分为三军，每次用一军去袭扰楚国的边境，一军返回，另一军则出发。这样，自己的军队可以得到充分的休整，而使楚国的军队**疲于奔命**，劳苦不堪。

孙武和伯嚭都认为伍子胥的计策切实可行。**一连六年，吴国用此“疲楚”之计使楚国士卒疲于奔走，消耗了大量实力。**

公元前203年，楚国令尹囊瓦攻打蔡国，蔡国联合唐国向吴国求救。这一年冬天，阖闾亲率伍子胥、伯嚭、孙武，倾全国的军队六万多人誓师伐楚。

楚军连年奔走作战，实在是“疲劳”已极，因此，双方军队一交战，楚军就**土崩瓦解**【专家解疑：形容彻底崩溃。】。吴军乘胜追击，迅速攻占楚国都城郢（今湖北江陵），楚昭王跑快了一步，才没有成为吴军的俘虏。

第五计 趁火打劫

【出处】

这一计出于《孙子兵法》“乱而取之”的思想，“趁火打劫”这个词语最早出现在明朝吴承恩小说《西游记》第十六回：“正是财动人心，他也不救火，他也不叫水，拿着那袈裟，趁火打劫，拽

好词好句

疲于奔命

*一连六年，吴国用此“疲楚”之计使楚国士卒疲于奔走，消耗了大量实力。

回云步，经转山洞而去。”说的是**黑熊怪**趁火偷走如来佛祖赐给唐僧的宝贝袈裟一事。

【原文】

敌之害大①，就势取利，刚决柔也②。

【注释】

①敌之害大：害，这里是指遇到严重灾难，处于困难、危险的境地。

②刚决柔也：决，冲开，去掉，这里引申为摈弃、战胜。王夫之《周易内传》卷三说：“夫之为言决也，绝而摈之于外，如决水者不停贮之。决而任其所往。”全句意为：趁刚强的优势，坚决果断地战胜柔弱的敌人。

【译文】

敌方的危机很大，就乘机取利，用优势力量攻击软弱的敌人。

【智慧引路：生活中，我们做事情要集中精力，保持敏锐的观察力和正确的判断力，将一切危机扼杀在萌芽状态，不给别人“趁火打劫”的机会。】

【按语】

敌害在内，则劫其地；敌害在外，则劫其民；内外交害，则劫其国。如：越王乘吴国内蟹稻不遗种①而谋

★ 人物介绍

黑熊怪，别名熊黑怪、黑熊精，趁火盗取唐僧袈裟，连孙悟空也无法夺回，可见手段之高。观音菩萨助孙悟空讨回袈裟后，把它带回落伽山，做守山大神。

攻之，后卒乘吴北会诸侯于黄池之际②，国内空虚，因而捣之③，大获全胜。（《国语·越语下》）

【注释】▶

①蟹稻不遗种：蟹，螃蟹。种，种子。全句意为：螃蟹和稻谷连种子都没有留下，说明发生大旱灾，处于危急之中。

②乘吴北会诸侯于黄池之际：吴，这里指吴王夫差。黄池，中原地名。全句意为：趁吴王夫差到黄池与诸侯会盟的机会。

③因而捣之：因，凭借。捣，打击。全句意为：趁此有利时机，打击敌人。

【译文】▶

敌人国内处境艰难，就乘机占领其土地；敌人受到邻国的侵略，就乘机掠夺其民众；敌人内外交害，就乘机占领其国家。【名师点拨：此处运用排比的修辞手法，列举了三种不同情况下的应对办法，层层递进，章法井然。同时教育人们：做事情要具体情况具体分析。】例如：越王勾践乘吴国发生大旱灾，连螃蟹和稻谷的种子都没有留下的困境下，策划进攻吴国。后来终于等到吴王夫差率领精锐部队到黄池与诸侯会盟、国内空虚的机会，乘势发起大举进攻，很快灭亡了吴国，取得大胜。（《国语·越语下》）

名家评析

这则按语把“趁火打劫”计具体化了。“火”指的就是对方的困难、麻烦。敌方的困难不外乎两个方面，就是内忧和外患。天灾人祸、经济凋敝、百姓涂炭【专家解疑：①烂泥和炭火，借指极困苦的境遇。②处于极困苦的境地或使处于极困苦的境地。】内部斗争等，都是内患；敌人进犯、连年征战，都是外患。敌人有内忧，就占他的领土；敌人有外患，就争夺他的百姓；敌人内忧外患，岌岌可危，要马上兼并他。总之，抓住敌人生死存亡的危急关头，赶快进兵，肯定胜券在握。《战国策·燕策二》中的著名寓言“鹬蚌相争，渔翁得利”，就是“趁火打劫”的形象体现。

计策事例

秦吞腐蜀，名利双收

韩国、蜀国互相攻打，都来向秦国告急，秦惠王想出兵讨伐蜀国，但考虑到道路险峻难行，韩国又可能来侵略，所以犹豫不决，秦王把**司马错**和张仪叫来商量对策。

张仪说：“不如去讨伐韩国。”

司马错反驳张仪说：“不对。**我听过这样的话，想要使国家富强必须先拓疆土，想要使军队强大必须先让百姓富裕，想要成就帝王大业必须先树立德望。**【智慧引路：做任何事情都要打好基础。因此，我们要努力学习科学文化知识，提高自己的综合素质，为自己的人生道路扎下坚实的根基。】

“如果这两条具备了，帝王大业就水到渠成，现在大王的国家地小民贫，所以我建议先从容易的事做起。蜀国是西南偏僻之国，又是戎狄之族的领地，政治混乱，如同夏桀、商纣，以秦国的大兵攻打蜀国，就像狼入羊群一样。

“攻占它的土地可以扩大秦国疆域，夺取它的财富可以赡养百姓，军队用不了多大伤亡就可以使蜀国投降。这样，吞并一个国家，而天下并不认为秦国强暴；获取丰厚的利益，天下人也不认为秦国贪婪，

★ 人物介绍

司马错，生卒年不详，夏阳（今陕西韩城）人，史学家司马迁八世祖，战国时期秦国著名将领。

如此我们不仅一举两得，名利双收，还可以博得**除暴安良**【专家解疑：铲除暴徒，安抚人民。】的美名。”

紧接着，司马错又分析了攻打韩国的弊端，于是秦王决定出兵攻打蜀国。

秦国仅用了十个月，就打败了蜀国。蜀国被秦国吞并后，秦国更加富庶和强盛了。

第六计 声东击西

【出处】▶

声东击西计，出自**杜佑**所著《通典》第153卷《兵六》一章：“声言击东，其实击西。”其实，《孙子兵法》早有“**攻其不备**【专家解疑：趁敌人没有防备的时候进攻。】”的思想。《淮南子·兵略训》更把“将欲西而示之以东”作为重要的“用兵之道”，《韩非子·说林上》也说：“今荆人起兵将攻齐，臣恐其攻齐为声，而以袭秦为实也。不如备之，茂东边，荆人辍行。”

本计的特点是：以假象造成敌人的错觉，采取灵活机动的军事行动，忽东忽西，不攻而攻，攻而不攻，似可为而不为，似不可为而为，伪装攻击方向，出其不意，夺取胜利。【智慧引路：再高明的计策和方法，也不能完全套用。在现实生活中，我们做事情不能死守一些“成功经验”，而应根据实际情况灵活地做出变化。】

★ 人物介绍

杜佑，字君卿，京兆万年（今陕西西安）人，唐朝政治家、史学家。曾用三十六年撰成200卷《通典》，创立史书编纂的新体裁，开创中国史学史的先河。

【原文】

敌志乱萃[①]，不虞[②]，坤下兑上之象[③]，利其不自主而取之。

【注释】

①敌志乱萃：萃，野草丛生。全句意为：敌人神志慌乱，判断不出明确的主攻方向。

②不虞：虞，预料。不虞，意料不到。

③坤下兑上之象：《易经》萃卦下卦为坤，上卦为兑。此卦三阴聚于下，二阳聚于上，各依其类以相保，群阴虽处致用之地，高居最上之位，都为了保阳，所以萃卦六爻都说"无咎"。如果使这种群阴保阳的局面受到扰乱，就将祸乱丛集，有意料不到的困难与危险。

【译文】

目标不一，军心混乱，对很多事情都预料不到。造成一种**错综复杂**【专家解疑：形容头绪繁多，情况复杂。】、危机四伏的表象。抓住敌人混乱不能自控的有利时机而消灭它。

【按语】

西汉，七国反[①]，周亚夫坚壁不战[②]。吴兵奔壁之东南陬[③]，亚夫便备西北。已而吴王精兵果攻西北，遂不得入（《汉书·周勃传》附）。此敌志不乱，能自主也。汉末，朱隽围黄巾于宛[④]，张围结垒，起土山以临城内，鸣鼓攻其西南，黄巾悉众赴之。隽自将精兵五千，掩其东北，遂乘虚而入。此敌志乱萃，不虞也。

然则声东击西之策，须视敌志乱否为定。乱，则胜；不乱，将自取败亡，险策也。

【注释】

①七国反：指西汉景帝时（前 154），吴、楚、胶西、胶东、菑川、济南、赵七国联合叛乱。西汉初年，因统治力量深入不到全国，汉景帝便采取封同姓王分地统治的办法。后来，诸王力量逐渐扩大，形成割据。景帝采纳晁错建议，削减诸王权势。以吴王刘濞为首，联合六国，借诛晁错为名，起兵叛乱，后来被周亚夫用武力讨平。

②坚壁不战：即固守寨堡不出战，等敌人粮尽力竭后，再进行反击。

③东南陬：东南角落。

④朱儁围黄巾于宛：朱儁（？—195），字公伟，东汉会稽上虞（今浙江上虞）人。公元 184 年黄巾起义，朱儁同皇甫嵩等前往颍川、汝南、陈国等地进行镇压，又围攻韩忠十万人于宛城，获大胜。宛，今河南南阳。

【译文】

西汉的时候，七国造反，**周亚夫**守着城池不主动出击。吴国军队绕了城墙一圈，从东南角开始进攻，周亚夫却在西北角增强兵力。吴王果然派了精兵去进攻西北角，所以就被堵在了外头。这是统帅的神志不乱，能够自有主张的结果。在东汉末年，朱儁将一群黄巾军层层包围在了宛城之内，一天派了一个小分队敲锣打鼓地去进攻

千古名句

然则声东击西之策，须视敌志乱否为定。乱，则胜；不乱，将自取败亡。

★ 人物介绍

周亚夫（？—前 143），西汉名将周勃之子，沛（今江苏沛县）人。七国叛乱，奉命讨伐，坚毅果敢，三月而平息叛乱。因功升丞相职。

城墙的西南，黄巾军派了所有的部队去抵抗，朱儁自己率领了精兵五千人从东北角乘虚【专家解疑：乘着空虚。】而入。这是敌人神志慌乱，对战场形势不能正确预料和判断的结果。这样说来，声东击西的计策，必须看敌人是否真能被迷惑而定。敌人慌乱不能自主，就能取胜；敌人不慌乱，不上当，用此计就可能自取灭亡。所以，这是一个有风险的计策。

名家评析

声东击西，是忽东忽西，即打即离，制造假象，引诱敌人作出错误判断，然后乘机歼敌的策略。为使敌方的指挥发生混乱，必须采取灵活机动的行动，本不打算进攻甲地，却佯装进攻；本来决定进攻乙地，却不显出任何进攻的迹象。似可为而不为，似不可为而为之，敌方就容易被假象迷惑，做出错误判断。

计策事例

不费刀枪，降服南越

汉高祖取得天下后，并未统一南越诸地。【名师点拨：秦始皇统一六国后，又平定岭南地区的百越之地，并设立南海、桂林、象郡三郡。秦朝将灭亡时，南海郡尉赵佗起兵兼并桂林郡和象郡，于约公元前203年建立南越国。】汉高祖十一年五月，下诏封原秦南海郡都尉赵佗为南越王。

高后吕雉四年夏五月，汉朝关闭对南越的关市，禁止铁器输出，高后五年春，赵佗自称南越武帝，发兵进攻长沙国，攻灭了数县之后撤回。隆虑侯周灶奉朝廷命令领兵进击南越，正逢暑热潮湿，军中瘟疫流行，士卒们大多病倒，汉军无力越过五岭。出兵一年多，高后去世，汉文帝即位。汉军随即退兵。赵佗趁这个时机大大地宣扬兵威，自称南越武皇帝，发号施令，公然与汉朝天子**分庭抗礼**

【专家解疑：原指宾主相见，站在庭院的两边，相对行礼。现在用来指双方平起平坐，实力相当，可以抗衡。】。

汉文帝命令给在真定的赵佗的父母的坟墓设官员守卫，负责按时主持祭祀；征召赵佗的兄弟，任命为高官，给予极其优厚的赏赐和特殊的恩宠；又派陆贾出使南越，带去致赵佗的亲笔书信，信中写道："朕希望双方摒弃前嫌，从今以后通使友好和以前一样。"

南越王赵佗叩头谢罪，表示愿意奉行汉文帝的诏书，永做藩臣，按期进贡，于是下令南越国说："我听说两雄不能并立，两贤不能共处一世。汉朝皇帝是一个贤明天子。从今以后我把帝制取消，去掉**黄屋左纛**【名师点拨：黄屋指古代皇帝车上用黄缯做里子的车盖；左纛指古代皇帝车上用牦牛尾或雉尾做的装饰物，设在车衡的左边或左騑上。代指帝王的车辆。】之车。"南越从此太平无战事。

这正是声东击西之计的妙用。

阅读思考

1."二桃杀三士"发生在哪个时期的哪个国家？

2.司马错是如何劝说秦王攻蜀的？

3.足球场上，小明做了一个假动作，看似要传球给队友，却趁对方球员不备，一脚射门，请问，他运用了哪一条计策？

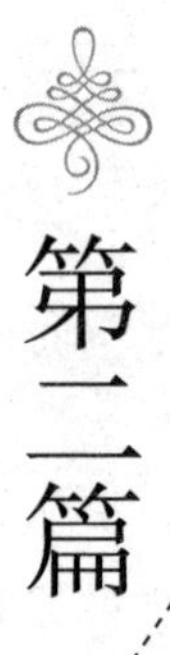

第二篇　敌战计

“敌战计”是《三十六计》中第二套计，是处于势均力敌态势下使用的计谋。意思是：在敌我双方对峙的情况下，我方要有意识地主动创造有利于己方的条件和时机，给敌方造成错觉，使其处于被动地位，从而受制于我。这一套计策在现在商战中应用较为广泛，是很多商人的成功法宝。

第七计　无中生有

【出处】▶

本计语出自中国古代哲学家（也有的称为道家）老子的《道德经》第四十章：“天下万物生于有，有生于无。”老子揭示了万物的有与无相互依存、相互变化的规律。本计的特点是，制造一种假象，有意让敌人识破，使之失去警惕，然后又化无为有，化假为真，化虚为实。真的攻击敌人了，而敌人却仍然以为是假的，不作防备，从而为我所乘，战而胜之。

★ 人物介绍

老子，姓李名耳，字聃，一字或曰谥伯阳。华夏族，春秋时期为楚国苦县厉乡曲仁里人，古代伟大的哲学家和思想家，道家学派创始人，被唐朝帝王追认为李姓始祖。

【原文】▶

诳也，非诳也①，实其所诳也②。少阴、太阴、太阳③。

【注释】▶

①诳也，非诳也：诳，欺骗，迷惑。《武经三书·孙子·用间》即把诳事作为“虚假之事”。全句意为：虚假之事，又非虚假之事。

②实其所诳也：实，实在，真实。全句意为：把真实的东西充实到假象之中。

③少阴、太阴、太阳：原指《易经》中的兑卦（少阴）、巽卦（太阴）、震卦（太阳）。这里少阴是指稍微隐蔽的军事行动，太阴是指大的秘密军事行动，太阳则是指大的、公开的军事行动。全句意为：在稍微隐蔽的行动中隐藏着大的秘密行动。大的秘密行动，也许正是在非常公开的、大的行动掩护下进行。

【译文】▶

诳骗，并不是长期的诳骗，而是在虚假诳骗之后，把真相推出。把小虚假发展到大虚假，在极端的虚假之后，采用极端真实的行动。

【名师点拨：“诳骗”的目的是为了扰乱、麻痹敌人，使敌人对我方的下一步行动放松警惕。我方出其不意，攻其不备，就可以轻松取得胜利。】

【按语】▶

无而示有，诳也。诳不可久而易觉，故无不可以终无。无中生有，则由诳而真，由虚而实矣。无不可以败敌，生有则败敌矣。如：令狐潮①围雍丘，张巡缚蒿为人千

千古名句

无中生有，则由诳而真，由虚而实矣。无不可以败敌，生有则败敌矣。

余，披黑衣，夜缒[②]城下；潮兵争射之，得箭数十万。其后复夜缒人，潮兵笑，不设备，乃以死士五百砍潮营，焚垒幕，追奔十余里。（《新唐书·张巡传》《战略考·唐》）

【注释】▶

①令狐潮：唐朝安禄山的部将，原是雍丘（今河南杞县）县令，张巡的同学。安禄山、史思明叛乱时投降叛军，后率军围攻雍丘，被张巡打败。

②缒：用绳子系住人或物，从上往下送，为古代防守时一种出城方法。

【译文】▶

没有谎称有，是欺骗。欺骗不能长久，容易被察觉，所以欺骗不能以虚无告终。无中生有，而是由欺骗到真实，由虚无到实在。虚无不能打败敌人，推出实在才可以击败敌人。比如：令狐潮率部包围了雍丘，张巡把一千多个稻草人穿上黑衣，在晚上从城墙上用绳子吊下来。令狐潮的士兵争相用箭射，张巡得到十万支箭。后来又在晚上把稻草人吊上去，令狐潮的士兵嘲笑他，不加以防备。张

★ 人物介绍

张巡，唐朝蒲州河东（今山西永济）人。他足智多谋，善于用计，原为真源（今河南鹿邑）县令，“安史之乱”时打了很多漂亮仗，后因兵尽粮绝而壮烈牺牲。

巡就把五百个敢死士兵吊下去袭击令狐潮的军营，烧毁了营帐，追杀了十多里。

名家评析

无中生有，这个“无”，指的是“假”，是“虚”；这个“有”，指的是“真”，是“实”。无中生有，就是真真假假，虚虚实实，真中有假，假中有真。虚实互变，扰乱敌人，使敌方判断失误，行动失误。此计可分解为三部曲：第一步，示敌以假，让敌人误以为真；第二步，让敌方识破我方之假，掉以轻心；第三步，我方变假为真，让敌方仍误以为假。这样，敌方思想已被扰乱，主动权就被我方掌握。

计策事例

张仪诓楚助强秦

战国末期，秦国为了离间齐楚之盟，派张仪出使楚国，【名师点拨：当时，齐国和楚国都是实力比较强大的国家，这两个国家结盟，对秦国侵略山东六国非常不利，因此秦王派张仪“离间齐楚之盟”，好各个击破。】称秦国愿意把商于之地六百里（今河南淅川、内江一带）送与楚国，只要楚能绝齐之盟。

楚怀王觉得有利可图，痛痛快快地答应了，遂派逄侯丑与张仪赴秦，签订条约。一开始，张仪托病，闭门不见逄侯丑。待楚国与齐国**交恶**【专家解疑：互相憎恨仇视。】后，张仪的“病”也好了，接见逄侯丑，谈起“送商于之地”一事说：“这点小事，不要秦王亲自决定。我当时已说将我的奉邑六里送给楚王，我说了就成了。”逄侯丑说：“你说的是商于六百里！”张仪故作惊讶：“哪里的话！秦国土地都是征战所得，岂能随意送人？你们听错了吧！”

逢侯丑无奈，只得回报楚怀王。怀王大怒，发兵攻秦。可是现在秦齐已经结盟，在两国夹击之下，楚军大败，秦军尽取汉中之地六百里。最后，怀王只得割地求和。

第八计　暗度陈仓

【出处】▶

本计全称为“**明修栈道，暗度陈仓**【名师点拨：公元前206年，刘邦攻下咸阳，被项羽封为汉王，带领人马到南郑去，途中烧毁了栈道。不久暗中绕道北上，在陈仓（今陕西宝鸡东）打败秦将章邯的军队，回到咸阳。】”，出自司马迁《史记·淮阴侯列传》。本计的特点是，将真实的意图隐藏在不令人生疑的行动的背后，将奇特的、非一般的、非正规的、非习惯的行动隐藏在普通的、一般的、正规的、习惯的行动背后，**迂回**【专家解疑：①回旋；环绕。②绕到敌人侧面或后面（进攻敌人）。】进攻，出奇制胜。“明修栈道”表示公开的行动，“暗度陈仓”表示隐藏的真实意图。

【原文】▶

示之以动①，利其静而有主②，“《益》动而巽”③。

【注释】▶

①示之以动：动，行动，动作，这里是指军事行动。全句意为：把佯攻的行动故意显示在敌人面前。

②利其静而有主：静，平静。主，主张。全句意为：利用敌人已决定的固定时机。

③《益》动而巽：益和巽，都是《易经》的卦名。《易·益·象》说：“《益》，动而巽，日进无疆。”是说《益卦》下卦为震、为动，

上卦为巽、为风、为顺。意思是说，行动合理、顺理，就会天天顺利，无有止境。又解：益，收益；巽，为动、为前进。联系本计，意为：表面上，努力使行动合乎常情；暗地里，主动迂回进攻敌人，必能有所益。

【译文】

故意暴露行动，利用敌方固守的时机，以便主动偷袭。

【名师点拨：这里“故意暴露”的行动，并不是真实的行动，而是为麻痹敌人而做出的假象，以为真实的行动提供有利时机。】

【按语】

奇出于正[①]，无正则不能出奇。不明修栈道，则不能暗度陈仓。昔邓艾屯白水之北[②]，姜维遣廖化屯白水之南，而结营焉。艾谓诸将曰：“维令卒还，吾军少，法[③]当来渡而不作桥，此维使化持我，令不得还。必自东袭取洮城[④]矣。”艾即夜潜军，径到洮城[⑤]。维果来渡。而艾先至，据城，得以不破。此则是姜维不善用暗度陈仓之计，而邓艾察知其声东击西之谋也。

【注释】

①奇、正：古代兵法术语之一。正，是正面常规作战。奇，是侧翼暗中袭击。

②白水之北：今四川松潘东北。

③法：这里泛指兵法、兵书。

千古名句

奇出于正，无正则不能出奇。

④洮城：即洮阳城，在今甘肃岷县西百里处。

⑤径到洮城：抄小路到洮城。

【译文】

出奇制胜的用兵之法来自正常的用兵原则。如果没有正常的用兵原则，也就没有出奇制胜的用兵之法了。不公开地修筑栈道，暗度陈仓就不会成功。三国时代，**邓艾**屯兵于白水的北面，姜维派廖化在白水的南岸安营扎寨。邓艾对他的将领们说："姜维突然把他的部队开回去了。我们的兵力少，按照兵法，他应该不等架桥就渡河攻击我军。我断定姜维是为了切断我军退路，派廖化驻扎在河边牵制我们，他自己率大军去袭击洮城去了。"于是，邓艾带领部队连夜**偃旗息鼓**【专家解疑：放倒军旗，停击战鼓。指秘密行军，不暴露目标。现多指停止战斗或停止批评、攻击等。】，抄小路赶到洮城。姜维果然正在那里渡河。邓艾先一步赶到，据守洮城，因而洮城未被姜维攻陷。这是姜维不会运用"暗度陈仓"计，而被邓艾识破了。

名家评析

按语说了"奇""正"的辩证关系。"奇"和"正"既是对立的又有联系。孙子曰："凡战者，以正合，以奇胜。""正"指的就是兵法中的常规原则；"奇"指的就是相对常规原则而言的灵活多变的方法。对于兵家来说，战场是千变万化、深不可测的，在用计策的时候，一定要看清形势，从书上照搬某种计谋，是难以成功的。

★ 人物介绍

邓艾（197—264），三国时棘阳（今河南新野）人，每见高山大泽，就地研究军事部署，被司马懿赞为奇才。公元263年，他同钟会分兵出击，偷渡阴平，一举灭掉蜀国。

暗度陈仓，意思是采取正面佯攻，当敌军被我牵制而集结固守时，我军悄悄派出一支部队迂回到敌后，乘虚而入，进行决定性的突袭。

计策事例

明修栈道，暗度陈仓

自从韩信被拜为大将，就开始计划出关东进。

一天，韩信高坐中军帐内，召先锋樊哙，命他率人修复栈道。原来，刘邦入蜀前，为麻痹项羽，将蜀地通往关中的栈道全部烧毁了。

樊哙说："元帅将令，不敢不依。但是栈道艰险，三百余里尽烧毁，一月之内怎么能够完成？"韩信摆摆手说："**遇到困难切切不可推辞**！素闻将军忠义，正当去建如此奇功。勿要推诿，立即启程。"

樊哙本来还要推辞，但又害怕犯了军令被韩信杀头，只得忍气吞声，带领一万人夫，连夜赶赴栈道抢修。

栈道山路崎岖，树木丛生，三军无立足之地，修复工作无从着手。

樊哙思量："一定是韩信不能伐楚，把这个责任推到我的头上，他迁延时间，不肯发兵。"不管怎样，樊哙也只好带着周勃、陈武翻山越岭，察看地形……

樊哙三人看到如此险境，**面面相觑**【**专家解疑**：你看我，我看你，形容大家因惊惧或不知所措而互相望着，都不说话。】，彼此相顾说："高山如此险峻，即使十万壮士，恐怕一年也甭想修完！"

樊哙作为主将，也不敢太泄气，只得说："韩信军令甚严，更受汉王宠爱，我等只好吃苦耐劳，加紧修筑才是！"

樊哙带着一万人夫，高处插木，断处架桥，隘处凿石，隐处开路，精疲力竭，气乏神劳，**心里咒张良，脑中骂韩信**【**名师点拨**：这句

哲理名言

遇到困难切切不可推辞！

话运用了互文的修辞手法，指上下两句或一句话中的两个部分，看似各说两件事，实则是互相呼应，互相阐发，互相补充，说的是一件事。】。士卒疲苦，受伤者众，樊哙毫无对策。

大散关守将名叫章平，是雍王章邯之侄，得知刘邦派樊哙带兵修筑栈道，准备东征。近日多次收到亚父范增檄书，令章平用心把守大散关，一有消息，立即传报三秦。章平立即将此等情况飞报章邯。

章邯闻报，对左右说："韩信在楚，毫无建树；今去汉中，不过凑数而已。刘邦无知，拜为大将！韩信素来没有威望，一时之间拜为大将，怎么能服三军之心？数百里栈道，怎么可能一时完工？这等用兵，不过拖延时间而已，实属**纸上谈兵**【专家解疑：在文字上谈用兵策略，比喻不联系实际情况，空发议论。】！"

差人回报章平后，章平也不做防御汉兵准备，并收留了一百多个从汉军"逃"过来的修建栈道的人夫。

韩信自从派遣樊哙去修筑栈道后，加紧了对军队的训练。

汉元年八月，韩信四路兵马向关中挺进。

韩信大队人马，不走栈道，直往陈仓小道前进。樊哙前队开路，大军**鱼贯**【专家解疑：像游鱼一样一个挨一个地接连着（走）。】而进。

大散关守将章平，时时派人探听樊哙修筑栈道进展情况，只听得回报，栈道修建已经换了主将，改由牙将孙兴管理，人夫减少了许多，工程完工遥遥无期，没有任何东征迹象。章平自认为平安无事，毫无防备。

突然间，守关士卒飞报汉军遍地蜂拥而来，先锋樊哙已经杀到关下。关上守军一时惊慌失措，不敢上关把守。

韩信劝章平开关投降，章平向前骂道："我是雍王贵族，怎肯投降一个**胯夫**【名师点拨：韩信年轻时，曾从一个屠夫的胯下爬了过去，因此被称为"胯夫"。这个故事从侧面反映了韩信能屈能伸、能忍能让的一面。】？"

不料，先前投降的一百汉军人夫一齐刀出手、剑出鞘，挟持了章平。原来，他们是奉韩信密令故意诈降的。

守关士兵自知进退无路，纷纷缴械投降。

韩信大军不费吹灰之力【专家解疑：形容做事情非常容易，不费什么力气。】，攻下了最难的一关。

第九计　隔岸观火

【出处】

本计名最初见于唐朝僧人乾康的诗："隔岸红尘忙似火，当轩青嶂冷如冰。"而其思想，则早见于《战国策·燕策二》"鹬蚌相争，渔人得利【专家解疑：蚌张开壳晒太阳，鹬去啄它，被蚌壳钳住了嘴，两方面都不肯相让。渔翁来了，把两个都捉住了。比喻双方争持不下，让第三方得了好处。】"的故事。此计的特点是：以静观变，随变而动，使敌人内部自相残杀、自相削弱。当两股敌对势力相争时，既不援助，也不鲁莽干涉，静观其变化，直到事情发展到有利于自己的地步，才相机行动，及时出击，坐收渔利。

【原文】

阳乖序乱，阴以待逆①。暴戾恣睢②，其势自毙。顺以动《豫》，《豫》顺以动③。

【注释】

①阳乖序乱，阴以待逆：阳、阴，指敌我双方两种势力。乖，分崩离析。逆，混乱，暴乱。全句意为：敌方众叛亲离，混乱一团，

千古名句

暴戾恣睢，其势自毙。

我方应静观以待其发生大的变乱。

②暴戾恣睢：穷凶极恶。

③顺以动《豫》，《豫》顺以动：语出《易·豫·象》："《豫》，刚应而志行，顺以动，《豫》。《豫》顺以动，故天地如之，而况'建侯行师'乎？"豫即喜悦。豫卦坤下震上。顺以动，坤在下，是顺。震在上，是动。意思是说：阴阳相应，天地之间也能任你纵横，何况建诸侯国、出兵打仗呢？这些目的一定能达到。用在本计上，即以欣喜的心情，静观敌方发生有利于我方的变动，以便顺势而制之。

【译文】

公开地出现多方面的**秩序**【专家解疑：有条理、不混乱的情况。】混乱、不协调，说明敌方内部矛盾激化，暗中静观敌方的发展变化，等着敌人的内部矛盾进一步恶化。**如果内部矛盾恶化到极限，那么敌人肯定会自取灭亡。**【智慧引路：这句话虽然讲的是"敌人"，但对我们也有一定的警示作用：要经常审视、反省自身，改正缺点，弥补不足，以避免"内部矛盾恶化"。】静观敌方的变化，等待着时机成熟，待时机一成熟，就立即采取行动。

【按语】

乖气浮张，逼则受击①，退则远之，则乱自起。昔袁尚、袁熙奔辽东，尚有数千骑。初，辽东太守公孙康恃远不服。及曹操破乌丸②，或说曹遂征之，尚兄弟可擒也。操曰："吾方使斩送尚、熙首来，不烦兵矣。"九月，操引兵自柳城③还，康即斩尚、熙，传其首。诸将问其故，操曰："彼素畏尚等，吾急之，则并力；缓之，则相图，其势然也。"或曰：此兵书火攻之道也。按兵书《火

攻篇》[4]前段言火攻之法，后段言慎动之理，与“隔岸观火”之意亦相吻合。

【注释】▶

①乖气浮张，逼则受击：乖气，即敌方分崩离析的情势、氛围。全句意为：敌人内讧的情势出现时，如果去逼迫它，就会遭到它的还击。

②乌丸：即乌桓，东胡族。居乌桓山（今辽宁昭乌达盟阿鲁尔科沁镇西北）。汉末曹操灭乌丸，其遗族后迁那河（今嫩江）之北，自称“乌丸国”。

③柳城：在今辽宁凌海西北。

④《火攻篇》：《孙子兵法》篇目之一。该篇论述了火攻的种类、方法，以及将帅慎重用兵的道理。篇中说：贤明的君主和优良的将领，没有利益可图的时候不采取行动，没有收获的计谋不轻易采用，敌人没有遭遇危险，不急于用它作战……明智的君主对于用兵要十分谨慎，良将对用兵要十分警惕，这是保证国家和军队安全的策略。

【译文】▶

当敌方内部出现混乱时，轻浮张扬，我威逼他，自己将被对方还击；退回来远远避开他，则对方内部矛盾在没有外部威胁时，就会爆发出来。当年袁尚和袁熙投奔辽东，还有几千人马跟随。那时，辽东的太守**公孙康**就依仗地势偏远，不肯归顺曹操。曹操击败乌丸后，有人劝说曹操讨伐公孙康，擒拿袁尚、袁熙。曹操说：“我正

★ 人物介绍

公孙康，辽东襄平（今辽宁辽阳北）人，东汉末年割据辽东一带的军阀。因斩袁氏兄弟有功，被曹操拜为左将军。

要公孙康把袁尚、袁熙的首级送过来，不用麻烦出兵。”九月，曹操引兵从柳城回来，公孙康斩杀了袁尚、袁熙，把首级送过来了。众将问这是为什么，曹操说：“公孙康一向防备袁尚等人，我威逼他，他们就合力回击；我不管他，他们就一定会自相残杀，这是**理所当然**【专家解疑：从道理上说应当这样。】的。”有人说：这是《孙子兵法》中的火攻第十二的道理，按照《火攻篇》，前段说火攻的方法，后段说谨慎行动的原则，与隔岸观火的意思是相符合的。

名家评析

隔岸观火，就是“坐山观虎斗”“黄鹤楼上看翻船”。当敌方内部分裂、矛盾激化、相互**倾轧**【专家解疑：在同一组织中排挤打击不同派系的人。】、势不两立时，切不可操之过急，免得促成他们暂时联手对付你。正确的方法是静止不动，让他们互相残杀，力量削弱，甚至自行瓦解。当然，隔岸观火之计，不等于站在旁边看热闹，一旦时机成熟，就要改“坐观”为“出击”，以取胜得利为目的。

计策事例

从中挑拨，暗中点“火”

战国时期，秦、赵两国在长平地区爆发了一场大战，赵国中了秦国的反间计，阵前换将，换下了老将廉颇，用只会纸上谈兵的赵括率领四十万赵国精锐同秦国作战。秦国使用名将武安君白起大败赵国。白起在长平一战，全歼赵军四十万，赵国国内一片恐慌。白起乘胜连取赵国十七城，直逼赵国国都邯郸，赵国指日可破。赵国情势危急，**战国四公子**【名师点拨：战国末期，魏国的信陵君魏无忌、齐国的孟尝君田文、赵国的平原君赵胜、楚国的春申君黄歇皆礼贤下士，广

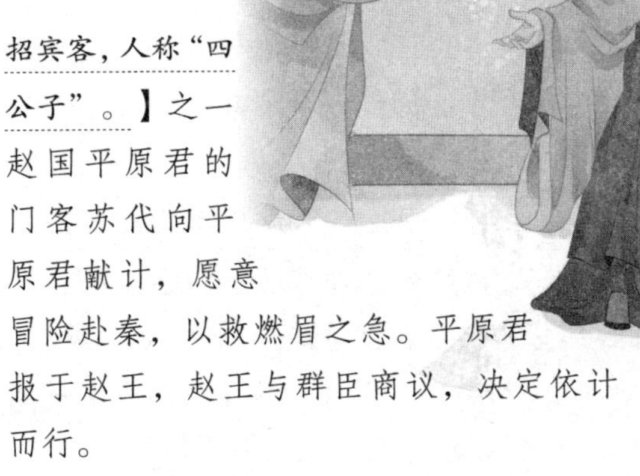

招宾客，人称“四公子”。】之一赵国平原君的门客苏代向平原君献计，愿意冒险赴秦，以救燃眉之急。平原君报于赵王，赵王与群臣商议，决定依计而行。

苏代携厚礼到咸阳拜见应侯范雎，对范雎说：“武安君这次长平一战，威风凛凛，现在又直逼邯郸，他可是秦国统一天下的头号功臣。我可为您担心呀！您现在的地位在他之上，恐怕将来您不得不位居其下了。这个人不好相处啊。”苏代**巧舌如簧**，说得应侯范雎沉默不语。过了好一会儿，范雎才问苏代有何对策。苏代说：“**赵国已很衰弱，不在话下，何不劝秦王暂时同意议和。这样可以剥夺武安君的兵权，您的地位就稳如泰山了。**”范雎点头称赞，并立即进宫面奏秦王。

范雎进宫就立即面奏：“秦兵劳苦日久，需要修整，不如暂时宣谕息兵，允许赵国割地求和。”范雎是秦王最宠信和依赖的大臣，凡有所奏无所不应，秦王果然同意罢兵休战。结果，赵国献出六城，两国罢兵。赵国得到一个**苟延残喘**【专家解疑：勉强拖延一口没断的气，比喻勉强维持生存。】的机会，避免了眼前的亡国灭族之忧。

好词好句

巧舌如簧

稳如泰山

*赵国已很衰弱，不在话下，何不劝秦王暂时同意议和。这样可以剥夺武安君的兵权，您的地位就稳如泰山了。

但白起突然被召回师，心中不快，眼看到手的大功劳就这样白白没了。后来他知道是应侯范雎的建议，但范雎位高权重，也无可奈何。

两年后，秦王又发兵攻赵，白起正在生病，就改派大将王陵率十万大军前往。这时赵国已起用老将廉颇，设防甚严，秦军久攻不下。秦王大怒，决定重新让白起挂帅出征。白起说："赵国统帅廉颇，精通战略，不是当年的赵括可比；再说，两国已经议和，现在进攻会失信于诸侯。所以，这次出兵恐难取胜。"

秦王又派范雎去动员白起，范雎来到白起的住处，见到白起好言劝说。但范雎、白起两人矛盾很深，白起便装病不答应。

范雎回到秦王处，告诉了秦王白起称病不愿挂帅的事情，秦王很生气地说："除了白起，难道秦国无将了吗？"【智慧引路：人要学会控制自己的情绪，尤其是怒气，否则就会因冲动而酿成大错。例如秦王，若他能静下心来，接受白起忠言，秦国何至于屡屡战败？】于是又派王陵攻邯郸，攻了五个月也没攻下来。秦王只好再次令白起挂帅，白起仍然伪称病重，拒不受命。秦王怒不可遏，范雎又在一旁煽风点火，于是秦王就削去白起官职，将其赶出咸阳。这时范雎又对秦王说："白起心怀怨恨，如果让他跑到别的国家去，以他的军事才能与对我国的了解，肯定是秦国的祸害。"秦王一听，急派人赐剑给白起，令其自刎。

可怜为秦国立下**汗马功劳**【专家解疑：指战功，后也泛指大的功劳（汗马：将士骑马作战，马累得出汗）。】的一代名将武安君白起，最后落得如此下场。秦国失去了一员大将，而赵国则解了心头之恨，去了心腹大患。

当白起**围困**【专家解疑：团团围住，使处于困境。】邯郸时，秦国国内本无"火"，可是苏代点燃范雎的妒忌之火后，秦国的文武失和之火就燃起来了。赵国隔岸观火，自己免遭了损失。

第十计　笑里藏刀

【出处】

本计语出唐白居易诗《天可度》“笑中有刀潜杀人”，是白居易对唐高宗宠臣**李义府**为人的评价。引《旧唐书》载：“义府貌状温恭，与人语必嬉怡微笑，而褊忌阴贼。既处权要，欲人附己，微忤意者，则加倾陷。故时人言：义府笑中有刀。”《资治通鉴》评李林甫“口有蜜，腹有剑”，也与此义相近。

本计的特点是，以表面上的友好、善良和美丽的言辞、举止作为假象，掩盖阴险毒辣的用心和企图。在军事谋略上，一般指通过政治外交手段，欺骗麻痹对方，以掩盖其突然的或重大的军事行动。

【原文】

信而安之，阴以图之①，备而后动，勿使有变②。刚中柔外也。

【注释】

①信而安之，阴以图之：阴，暗地里。图，图谋。全句意为：表面上使对方深信不疑，从而安下心来，暗地里却另有图谋。

②备：这里是指充分准备。变：这里指发生意外的变化。

★ 人物介绍

李义府（614—666），瀛洲饶阳（今河北饶阳）人，唐朝宰相，武则天的心腹。任相期间广结朋党，卖官鬻爵，权势熏天，多有不法之行。

千古名句

信而安之，阴以图之，备而后动，勿使有变。

【译文】

使敌方充分相信我方，并安然不动，麻木【专家解疑：①身体某部分发麻以致丧失感觉。②形容思想不敏锐，反应迟钝。】松懈，同时在暗中谋划克敌制胜的方案，经过充分准备后，相机突然行动，不让敌人察觉而采取应变措施。这就是外表友善，内藏杀机。

【按语】

兵书云：“辞卑而益备者，进也[①]……无约而请和者，谋也[②]。”故凡敌人之巧言令色[③]，皆杀机之外露也。宋曹玮知渭州，号令明肃，西夏人惮之。一日，玮方对客弈棋，会有叛卒数千，亡奔夏境。堠骑[④]报至，诸将相顾失色，公言笑如平时。徐谓骑曰：“吾命也，汝勿显言。”西夏人闻之，以为袭己，尽杀之。此临机应变之用也。若勾践之事夫差，则意使其久而安之矣。

【注释】

①辞卑：言辞谦卑。益备：更加紧战备。进：进攻，或以退为进。

②约：预先邀请，相约。谋：计谋。

③巧言令色：花言巧语和虚伪的面孔。

④堠骑：堠，古代观察敌情的土堡。堠骑，骑兵侦察员。

千古名句

故凡敌人之巧言令色，皆杀机之外露也。

【译文】

兵书上说："敌方的言语谦卑，而实际上在加紧战备，这意味着他将要进攻……没有前约而主动来请求媾和的，则是一种阴谋。"所以凡是敌人花言巧语的行为，都是暗藏杀机的表现。宋朝**曹玮**在渭州做知州时，军纪严明，西夏人都很害怕他。有一天，曹玮正在同部将下棋，突然有几千名士兵叛变，逃到西夏去。当边防侦骑前来报信时，许多部将都大惊失色，而曹玮却谈笑自如，好像没事一样，并且缓缓地告诉侦骑说："他们是遵照我的命令去做的，你不要声张！"**西夏人听到这个消息，以为这些叛军是被派来杀他们的，就把他们都杀死了。这是曹玮临机应变谋略的应用。**【智慧引路：生活中，我们面对突然发生的变故，要像曹玮一样保持镇静，这样才能思索出应变的方法。】再比如越王勾践被俘后臣服吴王夫差，竟使夫差长期受蒙蔽而丧失警惕，也是这样。

名家评析

古代兵法早就提醒为战者：切不可轻信对方的**甜言蜜语**【专家解疑：为了讨人喜欢或哄骗人而说的好听的话。】、空头支票，要谨防他们暗中隐藏的杀机。此计还多用于军事政治与外交的伪装上。

笑里藏刀，原意是指那种口蜜腹剑，**两面三刀**【专家解疑：指耍两面手法。】，"口里喊哥哥，手里摸家伙"的做法。此计用在军事上，是运用在政治外交上的伪装手段，欺骗麻痹对方，来掩盖己方的军事行动。这是一种表面友善而暗藏杀机的谋略。

★ 人物介绍

曹玮（973—1030），字宝臣。真定灵寿（今属河北）人。北宋名将，宋初开国元勋曹彬之后。卒后赠侍中，谥武穆。

计策事例

公孙鞅计取吴城

商鞅是战国时著名的政治家，正是因为他在秦国推行新法，富国强兵，才奠定了秦国一统六国的基础。

商鞅本名叫公孙鞅，他从小就喜欢刑名之学，当初在魏国相国公叔痤家当家臣。公叔痤曾想把他推荐给魏惠王，但魏惠王没有接受。

公叔痤死后不久，公孙鞅听到秦孝公求贤，便入秦应招。秦孝公任用公孙鞅为左庶长（春秋时，秦国掌握军政大权的官爵），并按公孙鞅强国富民之策，在全国实行变法。

公孙鞅新法，如废除贵族世袭特权，以战功论官爵；奖励耕织，生产多的可免徭役；实行连坐，严禁奸宄等等。

新法在秦国推行十年，真是道不拾遗，国无盗贼，家给民足，百姓相庆；人民勇于公战，不敢私斗；秦国大治，国强民富。

当时，正是田忌、孙膑率领齐兵攻魏救韩，孙膑用“减灶计”大败魏兵于马陵道，杀了魏国大将庞涓的时候。公孙鞅认为这对秦创帝王之业有利，便于庞涓被杀的第二年，对秦孝公说：“魏是秦的心腹之患，不是魏并吞秦国，就是秦并吞魏国，因为魏国占据着中条山的西面，其东中条山，山岭险峻，易守难攻。它建都安邑（今

★ 人物介绍

商鞅，战国时期政治家、改革家、思想家，法家代表人物。他是卫国国君的后裔，姬姓公孙氏，故又称卫鞅、公孙鞅。

好词好句

道不拾遗

国强民富

*新法在秦国推行十年，真是道不拾遗，国无盗贼，家给民足，百姓相庆；人民勇于公战，不敢私斗；秦国大治，国强民富。

山西夏县西北），只与秦隔一条黄河，又独占崤山以东的有利地域，向西可入侵秦国，向东可扩张疆土。**现在秦国依靠国君的贤能圣明，已经富强起来，而魏国去年又被齐国打得大败，各国诸侯都叛离了他，这正是攻伐魏国的好时机。魏国禁不住秦国的攻击，必然向东迁移。这样秦国就可以占据黄河崤山一带的险要之地，退可以固守，进则可以向东扩张，以制服诸侯，这可是帝王之业，机不可失，请君决计。**【名师点拨：战事开始之前，公孙鞅不仅对双方的实力消长了如指掌，而且预料到了战事的走向、结果和意义，取得胜利是必然的事情。】”秦孝公认为很对，就派公孙鞅为大将，带领五万士卒，离开咸阳，向东进发。

魏惠王接到西河报警，闻秦军压境，连忙召集群臣商议对策。公子卬说：“公孙鞅昔日在魏时，与臣关系不坏，今臣愿领兵前往拒秦，以义礼说之，如彼念旧情，秦兵即可退，如彼不念旧情，我以山河之险与之对抗，谅秦对魏，也无可奈何。”魏惠王大喜，立即拜公子卬为大将军，率兵五万人，来救西河。公子卬抵达西河，即进驻吴城。这吴城原是**吴起**出击秦国，连拔五城有功，被魏文侯派为西河守时为拒秦所筑，其城坚固，不易攻下。

再说公孙鞅率领秦兵进到西河，直抵吴城；见吴城坚固，正思谋进攻之策，忽闻报魏派公子卬前来拒秦，心中大喜，暗道：“吾计成矣！”当即修书一封，派人送至吴城城下，高声喊道：“秦统帅公孙鞅致书魏元帅公子卬，请开城门。”城上守军报与公子卬。公子卬这时正想修书给公孙鞅，商议讲和，听说有信来，便下令将书信用绳索吊上来。只见书上写道：“当初鞅在魏时，与公子相交甚欢，**今虽各事其主，当了秦、魏的将军，然鞅不忍相攻，欲与公子相见，订立盟约，两国罢兵，使秦、魏两国和睦相处。**【名师点拨：

★ 人物介绍

吴起（前440—前381），卫国左氏（今山东定陶，一说山东曹县东北）人，战国初期军事家、政治家、改革家，兵家代表人物。

若真的“不忍相攻”，又怎会带兵前来？由此可见，公孙鞅之信只是为了麻痹公子卬而已。】如公子同意，请约定相会日期。”公子卬读罢大喜，立即写了回书，同意双方会商。公子卬哪料到这是公孙鞅用的“信而安之，阴以图之”的计策。当公孙鞅读罢公子卬回信后，知公子卬已入圈套，便立即做出布置，将秦军前营从吴城下撤回，佯装要罢兵回国，暗地却命令四散埋伏于隐蔽之处，以放炮为号，捉拿公子卬，并派人布置会商场所，备齐酒肴，铺设桌椅，只等公子卬前来。

到了共同确定的会商日期，公子卬只带三百徒手随从，乘车赴会。**公孙鞅相迎时，公子卬见其从人既少，且无军器，更坦然无疑。两人相见，各叙昔日友情，交谈今后通好之意。**【名师点拨：公子卬身为大军统帅，本应抛开个人情感，全力备战迎敌。然而，他却因私情而轻信敌军主将，岂有不败之理？】魏国从人无不喜欢。当会商完毕，公孙鞅与公子卬设宴欢庆，只听一声炮响，杀声四起，公子卬知道上当，正欲逃走，却被两个伪装成侍者的秦国勇士将其扭住，反剪双手，转动不得。急得公子卬大喊：“随从何在？”他的三百随从，早已全数被擒，哪里有人答应。公孙鞅将公子卬押上囚车，先派人押回秦国报捷；并利用公子卬随从，赚开城门，占据了吴城。吴城既失，西河难保，魏惠王不得不将国都从安邑（今山西夏县西北）东迁大梁（今河南开封西南），并割河西之地向秦求和。**自此，魏惠王时常闷闷不乐，对人说：“悔不该当初没有听从公叔痤的话，杀掉公孙鞅，现在后悔已经晚了。”**【智慧引路：世界上是没有后悔药卖的，因此，我们做事情时一定要三思而后行，谋定后动，切勿因鲁莽或冲动而做出让自己后悔的事情。】魏都迁大梁后，魏惠王又号梁惠王。

公孙鞅借友情破魏，以成政业，后人自有评说。他破魏后，被赐予十五城，封号商君，确实风光一时。但是，因其变法，得罪不少权贵，最后被秦惠王车裂而死。

第十一计　李代桃僵

【出处】

本计语出《乐府诗集·鸡鸣》。诗中说："桃生露井上，李树生桃旁。虫来啮桃根，李树代桃僵。树林身相代，兄弟还相忘？"此诗的本意是比喻兄弟**休戚与共**【专家解疑：彼此共同承受幸福与灾祸。】的情谊。后人借"李代桃僵"的成语，表示为借助某种手段，以一事物的损失、牺牲，来换取另一事物的安全、成功，以局部的牺牲换取全局的转危为安的谋略。三国时，曹操与袁绍的南坡之战，曹军故意沿途抛弃粮食、衣物，使袁军争夺，曹军乘势反击，获取大胜，就属运用此计。

【原文】

势必有损①，损阴以益阳②。

【注释】

①势：局势。损：损失。

②损阴以益阳：阴，这里是指局部利益。阳，这里是指全局利益。全句意为：舍弃某一部分利益，使全局得到增益。

【译文】

当局势发展有所损失的时候，要舍得局部的损失，以换取全局的优势。【名师点拨：俗话说："有舍才有得。"就像钓鱼一样，只有舍得鱼饵，才能钓上大鱼。舍得，是为人处世的大智慧，是包含哲理的一种生存艺术。】

千古名句

势必有损，损阴以益阳。

【按语】

我敌之情，各有长短[1]。战争之事，难得全胜。而胜负之决，即在长短之相较；而长短之相较，乃有以短胜长之秘诀[2]。如“以下驷敌上驷，以上驷敌中驷，以中驷敌下驷”之类，则诚兵家独具之诡谋，非常理之可测也。

【注释】

①我敌之情，各有长短：长短，即长处、短处，优点、缺点，优势、劣势。全句意为：敌我双方各有其长处和短处、优势和劣势。

②以短胜长之秘诀：这里是指发挥自己的长处以弥补自己的短处，限制敌人的长处，专门攻击敌人的短处的秘诀。

【译文】

敌我的情况，各有优势缺点。军事战争，难得全胜，但有胜负的决定因素，就是优势和缺陷的相互比较，有以劣势兵力战胜优势兵力的秘诀。比如“**用下等马对付敌人的上等马，上等马对付敌人的中等马，中等马对付敌人的下等马**【名师点拨：战国时期，齐将田忌常与王族赛马。孙膑向其献策：用下等马对上等马（输），用上等马对中等马（赢），用中等马对下等马（赢）。田忌两胜一负，轻松获得胜利。】”等类似的方法。这真是军事家独特的计谋，不是平常的道理可以推测的。

千古名句

“以下驷敌上驷，以上驷敌中驷，以中驷敌下驷”之类，则诚兵家独具之诡谋，非常理之可测也。

名家评析

两军对峙，敌优我劣或**势均力敌**【专家解疑：双方势力相等，不分高低。】的情况是很多的。如果指挥者主观指导正确，常可变劣势为优势。“李代桃僵”，也就是趋利避害。指挥的高明之处，是要会“算账”。古人云：“两利相权从其重，两害相衡趋其轻。”以少量的损失换取很大的胜利，是划得来的。

因此，在战场上较量时，兵家们往往牺牲局部保全整体，或牺牲小股兵力，保存实力，以获得最后的胜利，这便是“李代桃僵”法。

计策事例

智虑深达，以邻为壑

战国时期，韩国地处实力雄厚的秦国和楚国之间。秦国把楚国看作是**称霸**【专家解疑：以霸主自居；倚仗权势，欺压别人。】道路上的敌手，为此试图发兵攻打楚国。可韩国偏偏挡在道中，于是秦王就派丞相张仪前往韩国，企图说服韩国与秦国一起攻楚。韩宣王为人**优柔寡断**【专家解疑：办事迟疑，没有决断。】。面对两邻国之争，韩王采取了中立政策，这便激怒了秦王，他决定先要迫使韩国屈服。公元前 317 年，也就是韩宣王十六年，秦国向韩国宣战。一路上，秦军未遇到什么大的抵抗就杀进了韩国。韩王忧心如焚，立即召见韩相公仲明。公仲明主张把战祸引向楚国，让楚国代替韩国承受灾难，以保全韩国。于是，韩王便派公仲明出使秦国，并割让韩国一座名城贿赂秦国，以便与秦国结成联盟，共同伐楚。

楚王听到这个消息很害怕，急忙召见谋臣陈轸商议对策，陈轸听后笑道：“韩国是想利用‘李代桃僵’之计来对付我们，那我们就**以其人之道还治其人之身**【名师点拨：“以其人之道还治其人之身”指用那个人对付别人的办法反过来对付那个人。出自宋朱熹《中庸集注》第十三章：“故君子之治人也，即以其人之道，还治其人之身。”】吧！”

楚王听从了陈轸的建议，一方面在军事上做好了抵抗秦军进攻的准备；另一方面，又派人到各国去散布流言，说是楚国接到了韩国的求援信。

韩王果然放弃了原先与秦国结盟一齐攻打楚国的计划，改为与楚国结盟，共同对付秦国。

韩王的反复无常激怒了秦王，他率领大军在楚军到达之前攻入韩国。韩王只好派使者前往楚国，请求楚军支援。楚王采纳了陈轸的策略：派军队向韩国方向进发，但这只是为了制造假象，目的是促使秦军在韩楚会合之前尽快攻占韩国。楚王对韩国使者说，支援部队已在路上。韩军苦苦等待楚军的到来，但楚军总也不出现。

在秦军大败韩军之后，楚王担心秦军会来攻打自己。谋臣陈轸则认为不必为此担忧。因为作为“李树”的韩国已经僵死于地，借此就可以暂时保证楚国的生存。秦王手下的谋臣要求攻打楚国，但遭到了秦王的拒绝。因为对韩之战已给秦军造成很大的损失。楚军现在士气饱满，正**严阵以待**【专家解疑：摆好严整的阵势，等待来犯的敌人。】地等着与疲惫的秦军作战。于是，秦王就班师回国去了。到此，陈轸的计谋大功告成。韩国的“李代桃僵”之计遭到了失败，斗争形势发生了根本的扭转。

第十二计　顺手牵羊

【出处】

本计语出《草庐经略·游失》：“伺敌之隙，乘间取胜。”后人以顺手牵羊，形象化地比喻乘敌人的小间隙，向敌人的薄弱处发展，创造和捕捉战机的一种谋略。这里，“顺手牵羊”的“羊”，指防守有间隙、有薄弱环节的地区。在不影响进攻主要目标、完成主要任务的**前提**【专家解疑：①在推理上可以推出另一个判断来的判断，如三段论中的大前提、小前提。②事物发生或发展的先决条件。】下，利用时机，出动小股部队，出其不意地发动攻击获得意外的、原先未料到的战果，就叫“顺手牵羊”。战争史上“顺手牵羊”之计，不乏其例，如“假道灭虢【名师点拨：春秋时期，晋献公要向虞国借路去攻打虢国。虞国国君不听劝谏，答应晋军过境，结果晋国灭掉虢国回师途经虞国时，又趁其不备，灭掉虞国。】”等。

【原文】▶

微隙在所必乘，微利在所必得[①]。少阴，少阳[②]。

【注释】▶

①微隙：指微不足道的间隙。微利：指微小的利益。

②阴：这里指疏忽、过失。阳：指胜利、成就。

【译文】▶

一旦发现敌方有细微的漏洞和疏忽，我们就要乘虚而入；哪怕是再微小的利益，我们都要尽量争取到。**要把敌方微小的疏漏变成对我方有利的机会。**

【按语】▶

大军动处[①]，其隙甚多，乘间取利[②]，不必以战。胜固可用，败亦可用。

【注释】▶

①大军动处：动，指兵力调遣，运动，展开。全句意为：在大部队调遣的过程中。

哲理名言

要把敌方微小的疏漏变成对我方有利的机会。

②乘间取利：间，间隙，机会。全句意为：利用敌人的空隙和过失，乘机取得有利的成果。

【译文】

在大部队调遣、调动的过程中，可以利用的间隙很多。**利用敌人的空隙和过失可获得利益，就不一定要通过战争的途径。**【智慧引路：俗话说："条条道路通罗马。"生活中，做一件事情的方法往往不止一种，因此我们要学会变通。】打胜仗时可以用此计，打败仗时也可以用此计。

名家评析

"顺手牵羊"是个比喻，喻指意外获得某种**便宜**【专家解疑：①价钱低。②不应得的利益。③使得到便宜。】，或毫不费力地获得某种平常要花大气力才能获得的东西。作为一种计谋，顺手牵羊常常不是等"羊"自动找上门来，而是着意寻找敌方的空子，或诱使敌方出现漏洞并进一步利用漏洞，从而使自己"牵羊"时很顺手。

大部队在行军的过程中，漏洞肯定很多，比如，大军急于前进，各部行军速度不同，**给养**【专家解疑：指军队中人员的伙食、牲畜的饲料以及炊事燃料等物资。】的运输可能出现困难，协调可能不灵，战线拉得越长，可乘之机一定越多。看准敌人的空隙，抓住时机一击而胜，只要有利，不一定完全取胜也行。

计策事例

秦国顺手牵羊灭滑国

秦国为了击灭群雄，每年都要向各诸侯国派出许多间谍，搜集种种情报，伺机攻击。僖公三十三年，秦国派往郑国做内应的杞子托人捎来密信说："现在我在郑国获得了郑穆公的信任，他让我掌管城门的钥匙，如果我国悄悄发兵进攻，就可以一举灭亡郑国了。”秦穆公得到这个情报，十分高兴，立即调动军队，准备进攻郑国。经过匆促准备，秦国的军队浩浩荡荡地奔郑国而去。

当时，郑国一个名叫弦高的商人正在滑国做牛皮生意。一天，他发现同行们突然收拾摊子，准备逃离滑国，心中好一阵纳闷。经过仔细打听，才知道秦国的军队将要路过此地，去攻打郑国。正当弦高**将信将疑**【专家解疑：有些相信，又有些怀疑。】之际，秦国的军队已经来到眼前。弦高急中生智，急忙向秦军献上几十张熟牛皮，犒劳秦军。随后，弦高派人火速赶回郑国，向郑穆公报告消息。

郑穆公得到弦高的报告，当即就对几个秦国人产生了怀疑。他派人到杞子的馆舍察看时，果然发现杞子已经准备好战车，磨好武器，喂饱战马了。

杞子等人得知自己的阴谋已经败露，急忙逃离了郑国。

秦将孟明在进军途中得知杞子已经逃离郑国，沮丧地说：**“杞子这个人成不了大事。现在郑国已经有了准备，不能再指望出奇胜敌了。攻城吧，又没有把握，包围郑国吧，郑、秦两国相隔千里，没有后援之军。我们只能撤兵回国了。”**【智慧引路：人生的道路上，坚持固然重要，但偶尔选择放弃，也不失为一种智慧。正如秦军放弃攻打郑国，不仅保存了实力，而且灭掉了滑国。】秦穆公不甘心空手而归，于是在回去的路上顺手把滑国灭掉了。

秦国的这种做法，正是在正式的任务无法完成时顺便获取一些原来不在计划之内的利益以补偿己方的行为。

阅读思考

1.“战国四公子”指的是谁？

2. 公孙鞅是怎样占领吴城的？

3. 陈轸是如何使楚国“以其人之道还治其人之身”的？

第三篇 攻战计

“攻战计”是《三十六计》中第三套计，顾名思义，即是处于进攻态势下使用的计谋。运用这套计时，指挥官必须对敌我双方的态势、战事的发展等做到心中有数，并果断勇敢地处理战争中所遇到的各种问题，积极寻求敌方的弱点，务求一击必胜。那么，历史上优秀的将领是怎样做到这一点的呢？让我们一起来看本篇内容。

第十三计 打草惊蛇

【出处】

计名“打草惊蛇”，原是借用了一句民间俗语来喻指某种军事谋略。原意是蛇在草丛中，草被搅动，蛇便受惊而走。也有人认为，“打草惊蛇”一词，源出宋朝郑文宝《南唐近事》：王鲁为当涂宰，颇以资产为务，会部民连状诉主簿贪贿于县尹，鲁乃判曰：“汝虽打草，吾已蛇惊。”意思是说：南唐时，有个叫王鲁的人，在任当涂（属今安徽省）县令时，把主要精力放在为自己捞取钱物上。**一天，老百姓联名控告他手下的主簿贪污，王鲁因自己屁股不干净，胆怯心虚，故而在看状纸时，便下意识地信手在状纸上写了“汝虽打草，吾已惊蛇”八个字，此后，“打草惊蛇”一语便逐渐流传开了。**【智慧引路：做人要胸怀坦荡、光明

磊落，不使阴谋诡计，不做见不得人的勾当，否则就会像王鲁一样沦为笑柄，甚至被人唾弃。】

【原文】▶

疑以叩实[1]，察而后动；复[2]者，阴之媒[3]也。

【注释】▶

①叩实：叩，询问，查究。叩实，问清楚、查明真相。

②复：反复、一次又一次地。

③阴之媒：发现隐情的重要手段。

【译文】▶

有疑问就要侦察核实，调查清楚之后再行动。【智慧引路：我们在学习中，遇到问题也要及时解决，或自己查找资料，或向老师、同学请教，不使其成为我们成长路上的绊脚石。】反复地调查，是发现隐藏之敌的手段。

【按语】▶

敌力不露，阴谋深沉，未可轻进，应遍探其锋。兵书[1]云：“军旁有险阻、潢井[2]、葭苇、山林、翳荟[3]者，必谨复索之，此伏奸之所藏也。”（《孙子·行军篇》）

【注释】▶

①兵书：这里是指《孙子·行军篇》。

②潢（huáng）井：低洼沼泽地带。

千古名句

疑以叩实，察而后动；复者，阴之媒也。

③翳（yì）荟：翳，荫蔽。荟，草茅繁衍。翳荟，指被繁茂草茅遮蔽的地方。

【译文】

敌人的实力不显露，计谋隐藏很深，我们不可**轻举妄动**【专家解疑：不经慎重考虑，盲目行动。】，应该把他的锋芒和主力打探出来。《孙子兵法》说："行军时，将要经过险要地带、芦苇、树林、杂草丛生的地方，必须谨慎，反复搜索，这些是敌人、奸细躲藏的地方。"

名家评析

兵法早已**告诫**【专家解疑：警告劝诫（多用于上级对下级或长辈对晚辈）。】指挥者，进军的路旁，如果遇到险要地势、坑地水洼、芦苇密林、野草遍地，一定不能麻痹大意，稍有不慎，就会"打草惊蛇"而被埋伏之敌所歼。可是，战场情况变化多端，有时己方巧设伏兵，故意"打草惊蛇"，让敌军中计的战例也层出不穷。

"打草惊蛇"之计，一则指对于隐蔽的敌人，己方不得轻举妄动，以免敌方发现我军意图而采取行动；二则指用佯攻助攻等方法"打草"，引蛇出洞，中我埋伏，聚而歼之。

计策事例

两封空函，引蛇出洞

南北朝齐永元二年，雍州刺史**萧衍**拥兵自重，南齐王萧宝卷甚为不安。

★人物介绍

萧衍（464—549），即梁高祖武皇帝，字叔达，小字练儿。南兰陵郡武进县东城里（今江苏丹阳访仙镇）人。南北朝时期梁朝政权的建立者。

当时，南康王萧宝融任荆州刺史，西中郎长史萧颖胄具体负责州府事务，在地方很有实力。萧宝卷派遣辅国将军、巴陵和潼两郡太守刘山阳率领三千兵士，会同萧颖胄的兵力一起袭取军事重地襄阳，进而翦灭萧衍的势力。

萧衍得知这一阴谋后，就派遣参军王天虎去江陵，给荆州和西中郎府的官员们每人送去一封信，信中说："刘山阳率兵西进，要同时袭击荆州和雍州。"萧衍对部将们说："荆州本来就惧怕襄阳人，加上**唇亡齿寒**【专家解疑：嘴唇没有了，牙齿就会觉得冷，比喻关系密切，利害相关。】，不怕萧颖胄他不畏惧。"

萧颖胄收到萧衍的信件之后，果然迟疑不决。刘山阳到了巴陵，萧衍再次命令王天虎送信与萧颖胄、萧颖达兄弟。

王天虎出发之后，萧衍对幕僚张弘策说："**用兵之道，攻心为上。**前不久，我派遣王天虎去荆州，给每个人都送了信。

"近来驿使四处传信，忙个不停，但只有两封信给萧颖胄、萧颖达兄弟两人，信中只写：'王天虎口述。'他们问具体情况时，王天虎又一句也说不上来，因为我压根就没有向他交代过一句话。

"王天虎是萧颖胄信得过的心腹之人，所以萧宝融肯定会认为萧颖胄与王天虎一起隐瞒着什么事情，不知道朝廷的用意何在。于是人人心中都会疑窦丛生。刘山阳被众人的议论搞迷糊了，就一定会对萧颖胄产生疑心，他们互相之间将不信任。【智慧引路：人与人之间最重要的是信任。如果你怀疑我，我怀疑你，那么就会被别人所利用。】

"这样的话，萧颖胄将进退两难，无论如何也解说不清自己，因此就必定要落入我的圈套之中。这是以两封空函定一州之妙计啊。"

哲理名言

用兵之道，攻心为上。

刘山阳到了江安，迟疑了十多天，不往前行进。**萧颖胄对此大为恐惧，然而又想不出什么良策妙计**。夜里，他叫来幕僚一起商议对策。

众人说：“萧衍在雍州**招兵买马**，已经不是一天两天的事了。要收拾他们是难上加难，**即使能制服他们，最终也不会为朝廷所容忍**。如果斩了王天虎，把王天虎的首级送给刘山阳，那么他的疑虑就可以消除。等他来了之后，再把他收拾掉，一定可以成功。”

第二天早晨，萧颖胄令人斩了王天虎，把首级送给刘山阳，并且调用民众的车，声称派遣步军去征讨襄阳。

刘山阳见状便打消了疑虑，只带了几十个随从，去见萧颖胄。萧颖胄在城内埋伏了兵力，待刘山阳进入城门之后，就在车中把他斩首了。襄阳之围随之**不战而解**。

在这场斗争中，萧衍以“打草惊蛇”之计取得了胜利。他在身处险境下不动声色，以两封空函引出了处于暗处的敌人，先打王天虎这棵微不足道的“草”，从而惊动了刘山阳这只“小蛇”，最后惊扰了萧颖胄等“大蛇”。

小蛇被消灭了，受惊的大蛇龟缩在洞穴不敢轻举妄动，为萧衍**厉兵秣马**【专家解疑：喂饱马，磨快兵器，指准备作战（“厉”古同“砺”）。】创造了条件，从而为建立梁朝奠定了基础。

好词好句

招兵买马

不战而解

*萧颖胄对此大为恐惧，然而又想不出什么良策妙计。

*即使能制服他们，最终也不会为朝廷所容忍。

第十四计　借尸还魂

【出处】

计名“借尸还魂”可能源于一个有关“八仙”之一的铁拐李得道成仙的传说。**相传铁拐李原名李玄，曾遇太上老君而得道。一次，其魂魄离开躯体，飘飘然游玩于三山五岳之间。不料，徒弟因其久不还魂而误以为他已死去，将其躯体火化。李玄魂魄无所归依，只好附在路旁一个饿死的乞丐尸体上。从此，李玄变得面目全非，蓬头垢面，袒腹露胸，并跛一足。为支撑身体行走，李玄对着原乞丐用的一根竹杖喷了一口仙水，竹杖立即变为铁杖，借尸还魂后的李玄也因此被称为“铁拐李”，而原来的名字却反被人们忘却了。**【名师点拨：铁拐李“借尸还魂”的故事见于元朝岳伯川所写杂剧《吕洞宾度铁拐李岳》，后《东游记》也有记载，不过情节不尽相同罢了。】“借尸还魂”这一带有迷信色彩的民间传说，后来被人们喻指某些已经死亡的东西，又借助某种形式得以复活的现象，有时也可以用来喻指某些新的事物或新的力量借助某种旧的事物或旧的形式求得发展的现象。

【原文】

有用者，不可借①；不能用者，求借②。借不能用者而用之，匪我求童蒙，童蒙求我③。

【注释】

①有用者，不可借：意为凡自身可以有所作为的人，就不会甘愿受别人利用。

千古名句

借不能用者而用之，匪我求童蒙，童蒙求我。

②不能用者，求借：意为那些自身难以有所作为的人，却往往有可能被人借以达到某种目的。

③匪我求童蒙，童蒙求我：语出《易·蒙》卦辞。蒙卦为《周易》六十四卦的第四卦，也是阴阳相交后的第二卦（因第一卦乾为纯阳，第二卦坤为纯阴，皆无阴阳相交之象）。在这里，蒙字本义是昧，指物在初生之时，蒙昧而不明白。蒙卦的卦象是下坎上艮。艮象山，坎象水；山下有水，是险的象征；人处险地而不知避，便是蒙昧了。童蒙，幼稚而蒙昧。此句意为：不需要我去求助蒙昧的人，而是蒙昧的人有求于我。

【译文】▶

有用的不可以利用，怕的是我不能控制【专家解疑：①掌握住不使任意活动或越出范围。②使处于自己的占有、管理或影响之下。】它；没用的却要去利用，因为我完全可以控制它。利用不能用的而控制它，这不是我受别人的支配，而是我支配别人。

【按语】▶

换代之际，纷立亡国之后者，固[1]借尸还魂之意也。凡一切寄兵权于人[2]，而代其攻守者，皆此用也。

【注释】▶

①固：本来。

②寄兵权于人：寄，依托。此语意为：手中实际握有兵权，却在名义上依托在别人门下。

【译文】

每当改朝换代的时候，都会出现纷纷拥戴扶植亡国之君的后代的情况，这就是“借尸还魂”的意思。凡是把兵权交给别人，并代替别人进攻防守的，使用的都是这个计策。【名师点拨：即使在江山稳固的时期，也有一些野心家，以帝王为傀儡，操权弄术，把持国政。】

名家评析

在人类社会中，借他人幌子达到自己的目的的，可谓随处可见。历史上常有这种情况，在改朝换代的时候，人们都喜欢推任亡国之君的后代，打着他们的旗号来号召天下，用这种“借尸还魂”的方法达到夺取天下的目的。在军事上，指挥官一定要善于分析战争中各种力量的变化，要善于利用一切可以利用的力量。有时，我方即使受挫，处于被动局面，如果我方善于利用敌方矛盾，利用一切可以利用的力量，也能够转被动为主动，改变战争形势，达到取胜的目的。

计策事例

假立楚王，师出有名

秦二世元年（前209），陈胜的起义军被秦将章邯打败，陈胜也被车夫庄贾所杀。另一支义军首领项梁听说后，便召集部属商议应变之策。范增说：“依我看，陈胜的失败是必然的。陈胜本来就不是出身名门大族，声望不高，又无大的才干，虽率先起义抗秦，但骤然据地称王，而不立楚国王室的后裔为王。上柱国【名师点拨：“上柱国”自春秋起为军事武装的高级统帅。汉废，五代复立为将军名号。隋朝有“上柱国”“柱国”的称号，以封勋臣。唐以后作为勋官的称号，“上柱国”逐渐成为功勋的荣誉称号。】（指项梁）如能顺应民心，扶植楚王的后裔，楚地百姓自然会闻风而至，聚集于你的麾下，天下便一举可定了。”项梁很高兴地采纳了范增的建议，派人四处访寻楚国王室的后裔。

事有凑巧，正好在民间寻访到一个名叫熊心的牧童，查问起来，确实是九十年前客死于秦的楚怀王的孙子。于是项梁立即将牧童迎来奉为楚怀王，定盱眙为国都，项梁则自称武信君。之后，项梁的部众迅速扩大到数十万。公元前208年项梁战死。公元前207年项羽在巨鹿以**破釜沉舟**【专家解疑：项羽跟秦兵打仗，过河后把锅都打破，船都弄沉，表示不再回来（见于《史记·项羽本纪》）。比喻下决心，不顾一切干到底。】的决心与胆识，击溃秦军主力章邯军四十万，与刘邦等部共同推翻了秦王朝的暴虐统治。灭秦之后，项羽自称西楚霸王。而依范增“借尸还魂”之计借来的楚怀王熊心这具政治**僵尸**【专家解疑：僵硬的死尸，常用来比喻腐朽的事物。】，由于已无利用价值，便被项羽改号义帝流放异地。

第十五计　调虎离山

【出处】

“调虎离山”一语可能源于《管子·形势解》。**该篇中有这样一句话：“虎豹托幽而威可载也。”意思是说，虎豹只有不离开它们居住的幽谷深山，其威风才会使人感到畏怯。**【名师点拨：这里虽然尚未使用“调虎离山”一语，但已经包含只有将老虎调离深山，才能将其制服的意思。】后来在民间语言、文学作品中便逐渐出现了“调虎离山计”的说法。如明朝吴承恩的《西游记》第五十三回写着孙大圣对如意真仙说：“才然来，我使个调虎离山计，哄你出争战，却着我师弟取水去了。”清朝钱彩著《说岳全传》第三十四回也写着：“吉青道：‘我前日在青龙山，中了这番奴调虎离山之计。’”

【原文】▶

待天以困之[①]，用人以诱之。往蹇来返[②]。

【注释】▶

①待天以困之：天，指天时、地理等客观条件。困，作动词用，困扰，困乏。全句意为：期待不利的客观条件去困扰它。

②往蹇来返：语出《易·蹇》九三爻辞。原文为“往蹇来反”。蹇卦的卦象为艮下坎上。艮象山，坎象水。王弼注曰：“山上有水，蹇难之象。”故在此处，“蹇”，有难的意思。返，李镜池《周易通义》注：返，犹“反”，广大美好貌。往蹇来返，意为去时艰难，来时美好。

【译文】▶

等待自然条件或情况对敌方不利时，我们再去围困他。【名师点拨：天时、地利、人和，是决定战争胜负的关键因素。这里的“自然条件”指的就是天时和地利，“情况”则包含人和在内。】利用一些人为的假象去诱骗敌人，使敌人来去都很艰难，行路困难重重。

【按语】▶

兵书曰：“下政攻城[①]。”若攻坚，则自取败亡矣。敌既得地利，则不可争其地。且敌有主而势大，有主，则非利不来趋，势大，则非天人合用不能胜。汉末[②]，羌率众数千，遮虞诩于陈仓、崤谷。诩军不进，宣言上书请兵[③]，须到乃发[④]。羌闻之，乃分抄旁县[⑤]。诩因其兵散，日夜进道，兼行百余里，令军士各作两灶，日倍

增之[⑥]，羌不敢逼，遂大破之。兵到乃发者，利诱之也；日夜兼进者，用天时以困之也；倍增其灶者，惑之以人事[⑦]也。（《后汉书·虞诩传》《战略考·东汉》）

【注释】

①下政攻城：下政，下策。语出《孙子·谋攻第三》："故上兵伐谋，其次伐交，其次伐兵，其下攻城，攻城之法，为不得已。"意思是说，凡是用兵打仗，上策是以智取胜，次策是运用外交手段取胜，再次策是以兵对兵取胜，最下策才是攻打城池。强攻城池，是不得已才采取的办法。所以说，攻城是"下政"。

②汉末：东汉末年，此处具体指汉安帝元初元年（114）。

③宣言：扬言。请兵：向朝廷请求援兵。

④须到乃发：一定要等候援兵来到后，方可进军。

⑤分抄旁县：分散到近旁的县抄掠财物。

⑥日倍增之：每日以翻倍的数目增加。

⑦惑之以人事：用人为的假象迷惑对方。

【译文】

《孙子兵法》说："攻城是最下策。"如果去强攻坚城，就可能自招失败或灭亡。敌人既已占据有利地形，就不能去同他争夺这块地盘；况且敌人还居于主动地位，而力量又占优势。敌人既是居于主动地位，如果不是对他有利，是不会离开驻地来向我进攻的；敌人既是在力量上占优势，除非我方能够综合运用天时、地利、人和等条件，否则就难以取胜。【名师点拨：当敌人势力强大并占据坚固阵地和天然屏障时，硬攻只会白费精力。上策是引龙离潭，调虎出山，即

千古名句

兵到乃发者，利诱之也；日夜兼进者，用天时以困之也；倍增其灶者，惑之以人事也。

将敌人诱出城后再消灭它们。】东汉末年，羌人首领统率数千兵马，将武都太守虞诩的部队围困在陈仓崤谷中。虞诩便让部队停止前进，同时扬言要请求朝廷派援兵来，而且一定要等援兵到来后再进军。羌人听到这个消息后，认为援军一时到不了，便将部众分散到近旁各县去抄掠财物。虞诩便趁羌兵分散之机，日夜进军，每个昼夜以加倍的速度行军百余里。又令军士在驻军做饭时，同时做两个灶，并使灶的数目每天增加一倍。羌人误以为援军已陆续到达，便不敢追逼攻击，结果虞诩大破羌兵。虞诩扬言要等候援军到后再进军，就是故意让羌人误以为可以利用援军到来之前的空隙去分兵抄掠，用利诱的办法将其调开；他不分昼夜地急行军，就是要争取时间，出其不意，置敌于困境；**而加倍修灶，就是用人为的假象迷惑敌人，使之误以为援军已陆续到达。**【智慧引路：生活中，同样存在许多迷惑人的假象，我们需要拨开重重迷雾，抽丝剥茧，才能寻找到真相。】

名家评析

历史上的各种势力集团，无时不在营造地盘或势力范围，并且倚仗地盘进行较量与争斗。而“调虎离山”一直是一个集团消灭或兼并另一个集团最常用的手法。它的应用方式也很多，或将最关键、最重要或最危险的敌手引出他的地盘，使其失去反抗的依托。

在现代经商活动中，当自己和对手共同争夺一块市场时，如果用协商的方法不能解决，就可以考虑攻击对手的另外一个市场，以分散对手和自己竞争的精力，使其首尾难以兼顾【专家解疑：同时照顾几个方面。】，迫使对手做出让步，以达到自己成功的目的。

计策事例

诱敌出战，速战速决

蜀后主建兴十二年（234），诸葛亮领兵三十四万伐魏，分五路进军，六出祁山。魏明帝曹睿闻报，命司马懿为大都督，领兵四十万至渭水之滨迎战。

经过两次规模不大的交锋，双方互有胜负之后，魏军便**深沟高垒**【专家解疑：深挖壕沟，高筑营垒，指修筑坚固的防御工事。】，坚守不出。由于蜀军劳师远来，粮草供应颇为困难，因而利于速战；而魏军以逸待劳，利于坚守。所以诸葛亮的主要策略目标，就是要诱敌出战，调虎离山，速战速决。

诸葛亮深知，己方最根本的弱点是远离后方，粮草供应困难；同时他也深知司马懿正是看准了自己这一弱点，并利用这点做文章，期待并设法使蜀军断粮，从而将蜀军困死或逼蜀军撤退，然后乘机取胜。于是诸葛亮便将计就计，也在粮草供给问题上做文章、设诱饵，以此引司马懿这只“虎”离山。措施之一是分兵屯田，与当地老百姓结合，就地生产粮食，以供军需，摆出一副打持久战的架势。**这就等于告诉司马懿：你不急，我也不急；若是我不急，看你急不急。**【名师点拨：两军交战，最重要的是隐藏自己的真实意图，用假象迷惑敌人。因此，诸葛亮虽急于速战，却故意摆出打持久战的架势。】

诸葛亮的另一个措施是自绘图样，令工匠造“木牛流马”，长途运粮。据传这东西很好使，“宛如活者一般，上山下岭，各尽其便”，蜀营粮草由“木牛流马”源源不断地从剑阁运抵祁山大寨。

司马懿闻报大惊道：“吾所以坚守不出者，为彼粮草不能接济，欲待其自毙耳。**今用此法，必为久远之计，不思退矣。**如之奈何？”诸葛亮看出了司马懿急于破坏蜀军屯田、运粮、屯粮计划的心思，于是进一步利用这一点引他上钩。办法是：一方面在大营外造木栅，营内掘深坑，堆干柴，而在营外周围的山上搭虚草窝铺，营造出蜀兵分散结营、与百姓共同屯田屯粮而大营空虚的假象，引诱魏军前

好词好句

久远之计

*今用此法，必为久远之计，不思退矣。

来劫营；另一方面在上方谷内两边的山坡上虚置许多屯粮的草屋，内设伏兵，同时让军士驱动“木牛流马”，伪装谷口运粮往来。而诸葛亮自己则离开大营，引一支军马在上方谷附近安营，以引诱司马懿亲领精兵来上方谷烧粮。

而司马懿呢，他虽烧粮心切，却又极为谨慎小心，深恐中了诸葛亮调虎离山的诡计。【智慧引路：司马懿谨慎小心的做事态度是值得我们学习的。不过，谨慎小心不等于瞻前顾后、优柔寡断，而是等调查清楚后再采取果断的行动。】于是，他便也使了个“声东击西、调虎离山”计来应战。他亲领魏兵去劫蜀兵祁山大营，却一反过去每战必让主攻部队走在前面的惯例，让手下的部将冲锋在前，直扑蜀营，自己反而在后引援军接应。他这样做，一是担心蜀营有准备，怕中了埋伏；二是他指挥魏军劫蜀军大营本属佯攻，目的是诱使蜀军各营主力，甚至诸葛亮本人领军前来营救，而他却自领精兵奇袭上方谷，烧掉蜀军的粮草。然而，司马懿的这个“调虎离山”计，却未能跳出“如来佛的手心”。

诸葛亮早料到司马懿有这一招。因而当魏军直扑蜀军大营时，诸葛亮只是事先安排蜀军四处奔走呐喊，虚张声势，装作各路兵马都齐来援救的态势，而诸葛亮却趁司马懿这只“虎”已离山之机，另派一支精兵去夺了渭水南岸的魏营，自己却在上方谷等待司马懿来“烧粮”，以便“**瓮中捉鳖**【专家解疑：比喻要捕捉的对象无处逃遁，下手即可捉到，很有把握。】”。司马懿果然中计。他见四处蜀军都急急忙忙奔回大营救援，便趁机率领司马师、司马昭及一支亲兵杀奔上方谷来，接着又被蜀将魏延依诸葛亮的安排，用诈败的方法诱进谷中，截断谷口。一时山谷两旁火箭齐发，地雷突起，草房内干柴全都着火，烈焰冲天。

司马氏父子眼看就要葬身火海，亏得突来一场倾盆大雨，才救了司马氏父子三人及少数亲兵的性命。司马懿这只“虎”原本拿定了深沟高垒、坚守不出、绝不离山的主意，结果却仍被诸葛亮调下了山；他原想用“调虎离山”计烧掉蜀军的粮草，想不到却反而中了诸葛亮的“调虎离山”计。**真是计中有计，天外有天，军机难测。由此可见，变计之重要。**【名师点拨：这个故事虽然精彩，但却是罗贯中小说《三国演义》中虚构的。】

第十六计　欲擒故纵

【出处】

“欲擒故纵”一词出自清朝吴趼人《二十年目睹之怪现状》第七十回：**“大人这里还不要就答应他，放出一个欲擒故纵的手段，然后许其成事。”**【名师点拨：三国时期，诸葛亮率蜀军远征南蛮时，曾“七擒七纵”蛮王孟获，以达到使南蛮部落真心归附的政治目的。这是历史上“欲擒故纵”计最著名的例子。】它的哲理源头，可追溯到《老子》第三十六章：“将欲歙之，必固张之；将欲弱之，必固强之；将欲废之，必固兴之；将欲夺之，必固与之。”《鬼谷子·谋篇》也有：“去之者纵之，纵之者乘之。”

【原文】

逼则反兵[①]，走则减势[②]。紧随勿迫，累其气力，消其斗志，散而后擒，兵不血刃。《需》，有孚，光[③]。

【注释】

①反兵：回师反扑。

②走：逃走。势：气势。

千古名句

紧随勿迫，累其气力，消其斗志，散而后擒，兵不血刃。

③《需》，有孚，光：语出《易·需》。需卦的卦象为乾下坎上，乾象刚、健；坎象水、险。需，有等待之意。以刚、健遇水、险，故须等待，不要急进，以免陷入险境。孚，信用，信服。有孚，有信用，有诚意，为人所信服。光，光明，通达。此句意为：身处险境要善于等待，如果有诚信，就会前途光明，大吉大利。

【译文】

击敌人过于猛烈，就会遭到反扑，让敌人逃跑，反而会削弱敌人的气势。**紧紧地追踪他，消耗他的体力，消磨他的斗志，等敌人兵力分散时再去擒拿他们，这样不经过血战就可以取得胜利。**【名师点拨：两军交战，不仅要战胜敌人，更要最大限度地保存自己的力量，因此，高明的将领都希望“不经过血战就取得胜利”。】按需卦的演推方式等待，让敌人相信还有一线光明。

【按语】

所谓纵者，非放之也，随之，而稍松之耳。“穷寇勿追①”，亦即此意。盖②不追者，非不随也，不追之而已。武侯之七纵七擒，即纵而蹑③之，故展转推进④，至于不毛⑤之地。武侯之七纵，其意在拓地，在借孟获以服诸蛮⑥，非兵法也。若论战⑦，则擒者不可复纵。

【注释】

①穷寇勿追：语出《孙子兵法·军争篇》，原为“穷寇勿迫”。穷，穷途，无路可走。穷寇，指陷于困境、绝境的敌人。勿迫，不

千古名句

武侯之七纵，其意在拓地，在借孟获以服诸蛮，非兵法也。

可逼得太紧。

②盖：发语词。

③蹑：跟随，追踪。

④展转推进：展转，同“辗转”，反复。展转推进，迂回曲折地向前推进。

⑤不毛：不生长草木，不种五谷桑麻，指荒凉贫瘠或未开辟的地方。

⑥诸蛮：古代对我国南方各少数民族的贬称。

⑦论战：从战争角度看。

【译文】

这里所说的“纵”，并不是放任敌人离去，而是紧随其后，只不过稍微放松一点儿而已。【名师点拨：“放任敌人离去”，很可能使已经战败的敌人重新恢复势力，就等于“养虎为患”。因此，“纵”的目的依然是“擒”。】“对穷途末路的敌人，不要过分紧追不放”，就是这个意思。不去追赶，并不是不去跟踪，只是不紧逼而已。诸葛亮对孟获七擒七纵，就是采取放了他而又跟踪他的办法。正因如此，才需要迂回曲折地向前推进，一直跟踪孟获进军到五谷不生的荒僻地方。诸葛亮的“七纵”孟获，本意在开辟和拓展蜀汉的地盘，因此需要借助蛮王孟获来收服南方各少数民族，严格地讲，并不属于兵法的范围。如果从战争角度讲，既然已经把敌人逮住了，就不能轻易放了他。

名家评析

打仗，只有消灭敌人，夺取地盘，才是目的。欲擒故纵中的“擒”和“纵”，是一对矛盾。军事上，“擒”是目的，“纵”是方法。

★ 人物介绍

孟获，三国时蜀汉建宁（治所在今云南曲靖）人，彝族首领。刘备死后，他和建宁豪强雍闿等起兵反蜀，多次为诸葛亮所收，经七擒七纵，终于降服。后仕蜀，为御史中丞。

古人有“穷寇莫追”的说法。实际上，不是不追，而是看怎样去追。如果逼得“穷寇”**狗急跳墙**【专家解疑：比喻走投无路时不顾一切地行动。】，垂死挣扎，己方损兵失地，是不可取的。放他一马，不等于放虎归山，目的在于让敌人斗志逐渐懈怠，体力、物力逐渐消耗，最后己方寻找机会，全歼敌军，达到消灭敌人的目的。

计策事例

郑庄公杀弟

郑庄公即位后，他的母亲武姜由于一向宠溺庄公的弟弟共叔段，就想让庄公把制邑（今河南荥阳）封给共叔段。

制邑是有名的军事重地，于是郑庄公拒绝了母亲的要求。武姜一看庄公不听话，十分生气，又提出让庄公把京城封给共叔段。庄公知道京城是郑国的要地，也不能分封，但若是不答应母亲，母亲定会更生气，只好同意了母亲的意愿。【智慧引路：郑庄公一味孝顺母亲，甚至牺牲国家利益，最终给自己埋下了祸端。“孝”不是盲目地顺从，当父母做出不道德的事时，我们勇于批评和制止，也是孝的表现。】

共叔段为人心术不正，在母亲的宠爱下，更是为所欲为。他到京城后立即招兵买马，积草屯粮，做好准备，想等到兵广粮足之时，取代庄公做国君。共叔段进了京城后，人们改称他为太叔段。

太叔段的势力在短短的时间里迅速向四面扩大，直到京城北部和西部。这些地方本来归地方官管辖，但是地方官哪里敢得罪他，只好忍气吞声，听从太叔段的命令。

太叔段一看庄公对他不闻不问，更加胆大，在京城又招兵买马。一次他竟以打猎为借口，夺取了廪延（今河南延津东北）等地。

庄公知道此事后，十分生气，但一想若是把弟弟灭了，母亲必定会生气，只好装成若无其事的样子，这可急坏了公子吕。公子吕很担心太叔段会**得寸进尺**【专家解疑：比喻贪得无厌。】，迟早有一日会举兵攻打庄公，于是便提醒庄公应采取措施。庄公也没有办法，打也不是，不打也不是，叹了口气道："随便他去吧。"

祭足是位忠臣，才智过人，他也很担心庄公的江山。他对公子吕说："主公一定知道太叔段这样放纵的目的，但是有些事他没法说明，不过我们可以助主公**一臂之力**。"

公子吕如梦方醒，到了晚上，公子吕又去见庄公。庄公说："太叔段眼里早已没有我这个君王存在，在我眼皮底下胡作非为。如今他是向我示威，但还不是叛乱。**如果现在攻打他，还为时过早，母亲怪罪下来，我也没有办法，要落个不孝之名。所以我要等他叛乱时才采取行动。**【智慧引路：不论做什么事，事先有准备，就能得到成功，不然就会失败。因此，我们要学习郑庄公处理问题的办法，事先做好充分准备。】"

公子吕明白了庄公的心思，知道庄公早有防患之心，一块石头落了地。公子吕对庄公说："我们不如先施一计，看他有无造反之心，如果没有，大可不必理他，如果有就将他铲除。"

第二天，朝廷传出庄公要出朝很长时间的消息。姜氏得知后，心里十分高兴。早想让太叔段继位的她觉得这是一个千载难逢的好机会，马上派人把她写的密信送给太叔段。信在半路上被公子吕截住，交给了庄公。庄公一看是母亲给太叔段写的，定于五月初五，**里应外合**【专家解疑：外面攻打，里面接应。】，准备推翻庄公。

庄公看过信之后，命人重新封好，另派了一个**亲信**【专家解疑：①亲近而信任。②亲近而信任的人（多含贬义）。】把信交给了太叔段。

好词好句

一臂之力

里应外合

*公子吕明白了庄公的心思，知道庄公早有防患之心，一块石头落了地。

太叔段接到信一看，是母亲写的，马上回信，约定五月初五袭取郑都，推翻庄公，自己登位。太叔段把回信交给了刚才送信的使臣，使臣把信交给了庄公。

庄公拆开信一看，果不出所料，太叔段早有造反之心，心想：何不利用此时，将他打败。于是带领军队悄悄地去了廪延。公子吕也调拨了两百多辆战车，埋伏在京城附近，等待太叔段出城。

太叔段果然于五月初五带兵前来，刚一到城外便得知京城失守。原来庄公早已派十辆兵车假扮商人混入城中。太叔段五月初五这天带领全部人马出城直奔郑都。他刚一走，混进京城的士兵立即抢占城门，杀死了守城的将士。**公子吕没费吹灰之力就占领了京城，并出榜安民，对百姓秋毫无犯，百姓非常拥护庄公。**

太叔段看着自己所剩无几的军队，望了望廪延，廪延早已被庄公占领，走投无路的太叔段拔剑自杀了。

庄公将武姜写的信和太叔段的回信放在一起，让祭足交给姜氏，并转告她说他一辈子都不想和她见面了，除非到了黄泉之下。

姜氏见到信，知道事情已败露，又得知小儿子已自杀，顿时傻了眼。当她得知庄公再也不想见她了，不禁泪流满面，也觉得对不起庄公。庄公派祭足把姜氏安排去了颍地。

庄公是个孝子，时间一长，渐渐忘了母亲的坏处，十分想见姜氏。可作为一国国君，他发过誓，君无戏言，庄公很矛盾。

颍地的地方官颍考叔对庄公说："黄泉就是地下泉水，不一定只有死人才可以见到黄泉。您可以挖一个地道，在挖出泉水的地方建一个地下宫，到时候你便可把你母亲请出来。"【智慧引路：

____

好词好句

出榜安民

秋毫无犯

*公子吕没费吹灰之力就占领了京城，并出榜安民，对百姓秋毫无犯，百姓非常拥护庄公。

现实中，通向成功的路，往往是不平坦的。当我们遇到阻碍时，要像颍考叔一样懂得变通，克服困难，继续前进。】

庄公听了非常高兴，将此事交给颍考叔去办。颍考叔几天就把事情办好了。颍考叔先把姜氏接到地下宫，又派人去请庄公。

庄公来到地下宫，一见母亲苍老了许多，立即跪倒在母亲面前说道："孩儿不孝，请母亲恕罪。"【智慧引路：生活中，每个人都难免犯错。对于别人有意或无意的过错，我们要做到宽大为怀，适时原谅，不要斤斤计较。】姜氏又惭愧又感动，扶起儿子，母子俩抱头大哭。自此，庄公又把姜氏接到了宫中，侍候母亲。

第十七计　抛砖引玉

【出处】

对于"抛砖引玉"一语的来源，说法不一。**一说是唐朝诗人赵嘏的诗很有名气，求诗者众多。诗人常建欲求其诗，却不得相见。赵嘏游苏州时，常建料他一定会去灵岩寺，就先在寺壁题了两句诗。赵嘏来到寺中看到墙上这首诗还没有写完，就补了两句。后人因赵嘏写的两句优于常建的前两句，就说常建是"抛砖引玉"。**【名师点拨：常建是唐玄宗开元十五年（727）的进士，而赵嘏则于唐武宗会昌二年（842）中进士，两人相差一百一十五年。因此，这种说法是不可能的，只是一个传说。】还有一种说法出自宋朝释道原的《景德传灯录·卷十·赵州东院从谂禅师》，大意是：一天晚上，从谂同弟子们一同参禅悟道。刚坐下，从谂说："今晚要你们回答问题，谁对禅学已有深刻理解，可以站出来。"这时有一个小和尚站了出来，作了一揖。从谂见了，缓缓地说："刚才我是抛砖引玉，不想却引来一块土砖坯子。"这个词还见于元朝贯云石的《斗鹌鹑·佳偶》："见他**眉来眼去**【专家解疑：形容以眉眼传情。也用来形容暗中勾结。】，俺早心满愿足；他道是抛砖引玉，俺却道因祸致福。"

【原文】▶

类以诱之，击蒙[①]也。

【注释】▶

①击蒙：击，打击。蒙，蒙昧。语出《易·蒙》上九爻辞：“击蒙，不利为寇，利御寇。”蒙卦的卦象为坎下艮上。其上九爻，为阳爻处于蒙卦之终，按王弼的解释，其寓意为“外蒙之终，以刚居上，能击去童蒙，以发其昧也，故曰‘击蒙’也。故‘不利为寇，利御寇也’”。大意是，上九爻以阳刚之象居于前五爻之上，所以能给蒙昧者以开导、启迪。为盗寇之人，自然属于蒙昧者之列，所以，如果占卦时占到本爻，则对为盗寇者不利，而对防御盗寇者有利。此处借用此语，意思是，打击那因受我方诱惑而处于蒙昧状态的敌人。

【译文】▶

用类似的东西去迷惑敌人，使敌人遭懵上当。【名师点拨：这句话的大意是，用较小的利益诱惑敌人，使其采取错误的行动，为我方提供可乘之机。所用来诱敌的必须是“较小的利益”，以免得不偿失。】

【按语】▶

诱敌之法甚多，最妙之法，不在疑似之间，而在类同，以固其惑。以旌旗金[①]鼓诱敌者，疑似也；以老弱粮草诱敌者，则类同也。如：楚伐绞，军其南门，屈瑕[②]曰：“绞小而轻[③]，轻则寡谋，请勿捍采樵者[④]以诱之。”从之，绞人获利[⑤]。明日，绞人争出，驱楚役[⑥]徙于山

🔍 千古名句

诱敌之法甚多，最妙之法，不在疑似之间，而在类同，以固其惑。

中。楚人坐守其北门⑦，而伏⑧诸山下，大败之，为城下之盟而还。又如孙膑减灶而诱杀庞涓。（《史记·孙子吴起列传》）

【注释】

①旌：古代旗的一种，缀旄牛尾于竿头，下有五彩羽毛，用以指挥或开道。金：锣。

②屈瑕：屈瑕，人名，楚武王之子，封于屈地，故以屈为姓。

③轻：轻狂。

④勿捍采樵者：捍，捍卫。全句意为：不以士卒去捍卫采樵的人。

⑤绞人获利：这里是指绞国军队抓获了几十个为楚军采樵的人。

⑥楚役：这里是指为楚军采樵的人。

⑦坐守其北门：这里是指坐守绞国的北门，以断其归路。

⑧伏：伏兵。

【译文】

诱惑敌人的方法有很多，最巧妙的办法，不是模糊近似、使人感到相像又不像，而是要以类同的东西，去牢固地迷惑敌人。用虚张旌旗、鸣锣击鼓的方式去诱惑敌人，就是属于疑似的一类；出示年老体弱的士兵，或制造有粮或无粮的假象去诱惑敌人，就是属于类同的一类。例如：**春秋时楚国出兵征伐绞国，陈兵于绞国都城的南门外。**【名师点拨：楚、绞均为春秋时期的诸侯国。楚为大国，其地域以今湖北为中心，国都郢（今湖北江陵）。绞为小国，其地在今湖北郧县西北。】莫敖屈瑕献计说：“绞国小且其君臣很轻狂，轻狂的人往往缺少计谋。请求采取不派士兵保护为我军打柴的人的办法去诱惑他们。”楚王采纳了屈瑕的计策。于是，头一天，让绞国人抓走了几十个打柴人。次日，绞国士兵争相出城，将楚方的打柴人往山中驱赶。而楚方则一方面派兵把守绞城的北门，截断绞兵的归路；一方面派兵埋伏在山下，因而大败绞军。结果，楚军迫使绞国与其订立**城下之盟**【专家解疑：因无力抵抗到了城下的敌军而跟敌人订立的盟约，泛指被迫签订的条约（多指不平等的）。】，得胜而归。又如春秋时，齐国军师孙膑，用减灶的办法，将魏兵诱入埋伏圈，而杀了魏将庞涓，也是一例。

名家评析

使用此计，必须充分了解敌方将领的情况，包括他们的军事水平、心理素质、性格特征，这样才能让此计发挥效力。正如《百诫奇略·利战》中所说："凡与敌战，其将愚而不知变，可诱以利，彼贪利而不知害，可设伏兵击之，其军可败。法曰'利而诱之'。"庞涓就是因为骄矜自用，才中了孙膑"减灶撤军"之计，死于马陵道的。

计策事例

以小易大，诈献邺城

战国时期，秦国和赵国约定共同攻打魏国，因为秦国和赵国都是当时的大国，两相联合来攻打相对弱小的魏国，魏国根本就不是对手。为此，魏王非常惊恐不安。国相**芒卯**却很镇定地对魏王说："大王不必发愁，臣有一计，可以一试。"魏王问："爱卿有何妙计快快讲来。"芒卯说："请大王允许我派张倚对赵王说：'秦国和赵国联合来攻打我们魏国，我们自知不是对手，邺这个地方看样子是保不住了，现在如果大王和秦绝交而连魏抗秦，魏王就把邺地献给

★ 人物介绍

芒卯，战国时期魏国将领，初以机诈而受到魏昭王的重视。后率领魏、韩、赵三国军队抵御秦军，战败而逃。其后事迹不详。

大王。’赵王对邺城垂涎已久，必定会同意。等到他答应与秦国断绝关系后，来接受邺城的时候，臣就推说不知道这件事情，那时，秦赵的联盟已经瓦解，赵王必定不敢以强硬的态度来对付我们，也只能**不了了之**【专家解疑：该办的事情没有办完，放在一边不去管它，就算完事。】。同时，没有赵国的支持，秦国也不会远道而来单独地攻打我们，我们也许就可以转危为安。”魏王听了非常高兴，认为此计可行并立即让芒卯着手去做这件事情。

于是，芒卯便派张倚去赵国见赵王，告诉赵王说只要赵国与秦国绝交连魏抗秦，魏王就愿意献出邺地。赵王答应了魏国的请求，这时使者张倚对赵王说：“我国负责交割城池给贵国的人，已经在邺地等候了，既然大王答应收下邺地，那么大王又打算怎样来报答魏国呢？”赵王想到现在自己垂涎已久的邺地已经唾手可得，就下令关闭秦国通向魏国的所有关口，秦赵的关系恶化，秦赵联盟彻底瓦解了。

随后，赵王派人去接管邺城。邺城的守将芒卯对赵国的使者说：“我国之所以要侍奉赵王，为的是保住邺城，把邺城献给赵国是张倚的过错，芒卯不知道这件事，所以不会将邺城献给赵国。”任凭他们万般解释，芒卯依旧不开城门，赵国的使者也无可奈何，只得回去回复赵王。

赵王知道后，明白自己中了魏国的计谋，又害怕魏国乘机攻打赵国，或者是秦国来攻打赵国，因此也不敢强逼魏国献邺城，反而立即割让五座城池给魏国，请求魏国共同

对付秦国。【智慧引路：现实生活中，很多人像故事里的赵王一样，因为一时贪图便宜、见利忘义而上当受骗，蒙受巨大的损失，我们应该从这些事例中吸取教训。】

第十八计　擒贼擒王

【出处】

“擒贼擒王”一语，现今可见的最早且影响较大的文字记录，是唐朝“诗圣”杜甫的五言古诗《前出塞》，诗中有“**射人先射马，擒贼先擒王**”的警句，透露出诗人杜甫对我国古代某种军事经验的概括和他个人的军事眼光，因而成为后世脍炙人口的名言，常为众多军事家、政治家以及各色人物所引用。

【原文】

摧其坚，夺其魁①，以解其体②。龙战于野，其道穷也③。

【注释】

①夺：抢夺，抓获。魁：第一、大，此处指首领、主帅。

②解：瓦解。体：躯体，整体，全军。

③龙战于野，其道穷也：语出《易·坤》。坤卦象是坤下坤上，为纯阴之象。上六爻是本卦的最终爻，为纯阴发展到极盛阶段之象。坤卦上六爻的爻辞是：“龙战于野，其血玄黄。”龙，本为乾卦（纯阳之卦）的象征物，为什么作为纯阴之象的坤卦，其上六爻却以原

千古名句

射人先射马，擒贼先擒王。

摧其坚，夺其魁，以解其体。龙战于野，其道穷也。

本属纯阳之象的“龙”为象征物呢？按照朱熹《周易本义》的解释是：“阴盛之极，至与阳争。”《易·文言》在阐释坤卦上六爻辞时则说：“阴疑与阳必战。为其嫌于无阳也，故称龙焉。”按照《周易》物极必反的矛盾转化思想，上六爻表示纯阴已发展到极盛，故必然向阳转化。虽然此时尚处于转化前夕，但却已急于以阳自比，以龙自称了。故有“龙战于野，其道穷也”之说。野，郊野。道，道理。道穷，无路可走。群龙战于郊野，相互杀伤，血渍斑斑，以致陷入穷途末路。本计引用此语，其意当为：贼王被擒，群贼无首，其战必败。

【译文】

我们打击敌人，要摧毁敌人的中坚力量，要捉拿敌军首领，才能真正瓦解敌人的势力。【名师点拨：一个优秀的首领，即使部下全部拼光了，也有东山再起的可能。因此，战胜敌人后只有捉住其首领，才能彻底瓦解其势力。】犹如强龙在田野大地上争斗，不免要陷入困境。

【按语】

攻胜，则利不胜取①。取小遗大②，卒之利、将之累、帅之害、功之亏③也。全胜而不摧坚擒王，是纵虎归山也。擒王之法，不可图辨旌旗④，而当察其阵中之首动⑤。昔张巡与尹子奇战，直冲敌营，至子奇麾下⑥，营中大乱，斩贼将五十余人，杀士卒五千余人。巡欲射子奇而不识，剡蒿为矢⑦。中者喜，谓巡矢尽，走白子奇，乃得其状。使霁云射之，中其左目，几获之，子奇乃收军退还。（《新唐书·张巡传》《战略考·唐》）

【注释】

①攻胜：进攻取得了胜利。利：利益、其利益在于。不胜取：不趁着胜利去掠取过多的敌方装备、资财等战利品。

②取小：贪取小利。遗大：遗忘了战争的大局。

③功之亏：亏损了战功，丢掉建立战功的机会。

④图辨旌旗：旌旗，指挥旗。全句意为：只看敌军的指挥旗在什么方位。

⑤首动：这里是指首先发号施令之处。

⑥麾下：麾，古代用以指挥军队的旗帜。麾下，主帅的指麾之下。此处指敌军的中军帐。

⑦剡蒿为矢：剡，削，刮。蒿，谷类植物的茎秆。剡蒿为矢，削秸秆做箭用。

【译文】

打了胜仗，不急于乘胜**掠取**【专家解疑：夺取；抢夺。】敌方的装备、资财，这样对我方才会比较有利。**贪取小利而遗忘了战争的大局，其结果只能是让士卒得些小利，而给为将的背上包袱，对主帅造成危害，以致前功尽弃。**【智慧引路：俗话说："贪小便宜吃大亏。"意思是，如果贪图一点点的利益，往往要遭受重大损失。这句话每个人都应该牢记在心。】取得了全面胜利，却不致力于摧垮敌军的中坚，捉拿敌军的主帅，那将等于放虎归山。**捉拿敌军主帅的方法，不能只看敌军的指挥旗在何处，而应仔细观察敌军军营中的行动首先是从哪里发出的指令。**【名师点拨：用兵之道，讲究虚实结合。因此，敌军指挥旗所在之处，并不一定就是敌军主帅所在之处。】昔日张巡与尹子奇打仗，张巡直冲敌军阵营，杀到尹子奇的指挥旗下，敌营顿时大乱，被张巡军斩将五百余人，杀死敌军士兵五千余人。张巡想要射死敌主将尹子奇，但又不认识他。于是张巡便命令部下削秸秆做箭，被射中的敌军发现后很高兴，以为张巡军的箭已射尽了，便跑去禀告尹子奇。张巡抓住这个机会看清了尹子奇的面貌，立即叫部将南霁云用箭射他。**南霁云一箭射中了尹子奇的左眼，几乎抓获了他。**【名师点拨：南霁云是天宝末年抵抗安禄山叛军的名将，后城破被俘，因誓死不降而被杀害。他一箭就射中了敌将的左眼，可见其箭法之高。】这样，尹子奇才被迫收兵退回去了。

名家评析

在军事行动中，“擒贼先擒王”是以消灭敌方的指挥部，准确打击敌军的最高指挥人员和主力部分为行动手段，以迅速歼灭敌军有生力量为目的。如果放走了敌方首领，无异于放虎归山，虽然取得了局部战场的胜利，但敌方的“症结”尚存，他们还会重新集结兵力卷土而来。民间有“打蛇要打七寸”的说法，也就是说，要想置对方于死地，就必须打中对方的要害部位，这也是对“擒贼先擒王”最通俗的**诠释**【专家解疑：说明；解释。】。当然，在实际战争中，敌我情况是错综复杂、千变万化的，尤其是处于劣势的一方，“擒王”的目标就显得有些遥远，而如何有效地避免敌军的主力，抓住他的薄弱环节，逐渐地消灭对方的有生力量，最终达到歼灭敌军的目的，就显得更重要。

计策事例

西门豹治邺

西门豹是战国时期魏国人。魏文侯即位后，任命西门豹任邺（今

★ 人物介绍

西门豹，战国时期魏国人（故里在今山西运城盐湖区安邑一带），魏文侯时任邺令，是著名的政治家、水利家，曾立下赫赫功勋。

河北临漳）令。邺地处魏国和赵国的交界处，是战略要地，如果治理不好，不仅当地百姓受苦，而且魏国的安全也要受到威胁。西门豹上任之初，看到漳河两岸田地荒芜，城镇萧条，人烟稀少，感到很奇怪。经过询问得知，是“河伯娶媳妇”造成这种荒凉景象的，那“河伯娶媳妇”是怎么一回事呢？原来漳河每年夏秋两季河水泛滥，淹没大批农田。当地官吏不积极赈灾，反而和以搞鬼神为职业的巫婆相勾结，把这种自然灾害说成“河伯显圣”，胡说什么每年选一名美女给河伯做媳妇，就可以免除水患，并借机敛取钱财。所以每到“河伯娶媳妇”的季节，巫婆见哪家贫穷人家的女儿长得漂亮，就强行拉走。十余天后，把这名少女放到一张出嫁用的床上，再放到水面上，任其自然流走，行了十几里就沉到河里去了。许多有女儿的人家，生怕这种灾难降临到自家的头上，纷纷**背井离乡**【专家解疑：离开了故乡，在外地生活（多指不得已的）。也说离乡背井。】，逃往外地。所以这里的人口锐减。西门豹听后十分生气，决心铲除这种邪恶势力，让人民生活安宁，让当地发展生产。又到了“河伯娶媳妇”的时间，那天一早，西门豹带着随从来到河边，邺地的乡官和豪绅也早就来到河边等候。西门豹环视了一下周围的人，说：“让我先看一下河伯的媳妇美不美。”西门豹看了一眼被选为河伯媳妇的少女，对一个老巫婆说：“这个女子长得不美，麻烦你去告诉河伯，改日选一个漂亮的，一定送上。”**老巫婆听后，脸色骤变，但还没来得及开口就被几个卫士投入了水中。**【名师点拨：西门豹“以其人之道还治其人之身”，严惩作恶多端的老巫婆，真是大快人心。】西门豹严肃地注视着水面，像是在等老巫婆回来。过了一会儿，他对身边的卫士说：“想必是河伯把她留下了，派她的徒弟去催一下。”于是卫士又把巫婆的三个徒弟投入水中。又等了一会儿，他对身边的乡官说：“看来女人不会干事，还是烦你亲自去一趟吧。”于是卫士又把乡官也投入水中。等了好一会儿，西门豹对身边的官员说：

“看来他们都不会办事，还是请你们亲自去办吧。”那些官吏吓得**面如土色**【专家解疑：脸色跟土的颜色一样，没有血色，形容极端惊恐。】，纷纷跪倒叩头，求饶不已。从此以后，再没有人提起给“河伯娶媳妇”的事情了。

西门豹这个故事就是“擒贼先擒王”的例子，把带头的杀了，剩下的随从就都跪地求饶了。

阅读思考

1. 诸葛亮是怎样诱司马懿出战的呢？
2. 颍考叔是如何帮助郑庄公和他的母亲相见的呢？
3. 张巡是怎样找到敌将尹子奇，并射中他的左眼的呢？

第四篇

混战计

“混战计”是《三十六计》中第四套计，是处于不分敌友、军阀混战态势下使用的计谋，是在战争失去固定规则的情况下而寻求、制造规则的策略。身为将领，无论在如何混乱的情况下，都必须保持清醒的认识，迅速发现最有可能取胜的途径，为战胜敌人创造条件。阅读本章内容后，请回答这一问题：周亚夫是如何战胜吴楚联军的呢？

第十九计　釜底抽薪

【出处】▶

“釜底抽薪”计的策略思想渊源，可追溯到战国时代成书的《尉缭子》。该书《战威第四》说：“**民之所以战者，气也；气实则斗，气虚则走，讲武料敌，使敌之气失而师散，虽形全而不为之用，**【名师点拨：本句意思是：作战最重要的是勇气；士兵勇气旺盛就敢于战斗，反之就会溃逃。讲究武备，判明敌情，设法使敌人丧失勇气、军心涣散，即使敌军结构形式完整也会失去战斗力。】此道胜也。”《尉缭子》在这里提出了一个采用某种谋略，以削减、削弱敌方的气势和斗志，然后战而胜之的策略思想。后世提出的“釜底抽薪”计，应当说，正是在这种策略思想基础上发展和形成起来的。继《尉缭子》之后，相继提出或提到类似思想的，有西汉《淮南鸿烈》："故以汤止沸，沸乃不止；诚知其本，则去火而已矣。"东汉董卓《上何进书》："臣闻扬汤止沸，莫若去薪。"北齐史学家魏收《为侯景叛移梁朝文》："若抽薪止沸，剪草除根。"至明朝以后，便在更多的书面语言中出现了"釜底抽薪"这一更为概括、简明【专家解疑：简单明白。】的语言，其策略思想已在许多场合下被使用。

【原文】

不敌其力①，而消其势，兑下乾上之象②。

【注释】

①敌：对抗，攻击。力：强力，锋芒。

②兑下乾上之象："兑下乾上"为《周易》六十四卦中的履卦。兑为泽，为阴柔之象；乾为天，为阳刚之象。整个卦象为阴胜阳、柔克刚。其卦辞为："履虎尾，不咥人，亨。"履，小心蹑足前进。咥，咬。亨，通达顺利。其寓意是：虎为凶猛阳刚之兽，但只要以阴克之，小心谨慎行事，即使踩着了虎的尾巴，它也不会咬人。若占得此卦，预示事情将经历险阻而后通达，终于顺利。此处借用此卦，意在说明，遇到强敌，不要去与之硬碰，而要用阴柔的方法消灭刚猛之气，然后设法制服他。

【译文】

如果不能克服敌人刚强的力量，就可以削弱敌人力量的来源，【名师点拨：面对强大的敌人，不能力敌，就只能智取。设法分解、消散其力量，或让其内部自相残杀，都不失为巧妙的方法。】从履卦的原理出发，分离至刚至阳的乾的力量。

千古名句

不敌其力，而消其势，兑下乾上之象。

【按语】▶

水沸者，力也，火之力也，阳[①]中之阳也，锐不可当；薪者，火之魄[②]也，即力之势也，阴中之阴也，近而无害，故力不可当而势犹可消。《尉缭子》曰："气实则斗，气夺则走。"而夺气之法，则在攻心。昔吴汉为大司马，有寇夜攻汉营，军中惊扰，汉坚卧不动。军中闻汉不动，有倾[③]乃定。乃选精兵反击，大破之，此即不直当其力[④]而扑消其势也。宋薛长儒为汉、湖、滑三州通判，驻汉州。州兵数百叛，开营门，谋杀知州、兵马监押[⑤]，烧营以为乱。有来告者，知州、监押皆不敢出。长儒挺身出营，谕之曰："汝辈皆有父母妻子，何故作此？叛者立于左，胁从者立于右。"于是不与谋者数百人立于右，独主谋者十三人突门而出，散于诸村野，寻捕获。时谓非长儒，则一城涂炭[⑥]矣！此即攻心夺气之用也。或曰：敌与敌对，捣强敌之虚以败其将成之功也。

【注释】▶

①阳：与下面的阴相对。阴与阳，在中国古代哲学中，指贯穿于一切事物的两个对立面；两者相反相成，对立统一。

②火之魄：魄，古代指人体中依附于形体而显现的精神，以区别于可以离开形体而存在的魂。一说魄指有精神的形体。火之魄，火赖以发生的物质。

③有倾：短时间，一会儿。

④不直当其力：避开对方的锋芒。

⑤兵马监押：宋朝掌握全州军事的武官。

⑥涂炭：涂，泥淖。涂炭，比喻极困苦的境地。

【译文】

水之所以沸腾，是因为借助了一种力量——火的力量，而成为刚强之中的至刚，其势**锐不可当**【专家解疑：形容来势凶猛，不可阻挡。】。柴草是火力产生的根本，也是控制火势的主宰，它属于阳刚中的柔弱方面，接近它不会有危险。所以强大的力量抵挡不住的时候，却可以消除产生它的根本。《尉缭子》说："士气旺盛就投入战斗，士气低落就避开战斗。"而削弱士气的办法，就在于"攻心"战术。东汉初年，**吴汉**任大司马时，有敌寇乘夜袭击汉军的军营。军营中因之一片惊慌混乱，而吴汉却安然在床上静卧不动。将士们听说吴汉这般冷静沉着，情绪顿时稳定，不一会儿，军营中也就安定下来了。这时，吴汉便起床挑选了一支精兵，乘夜出击，从而大败敌军。这里，吴汉采取的策略就是不与敌人正面交锋，而是先设法削减对方气势。北宋时，薛长儒任汉、湖、滑三州通判时，数百名驻守汉州的士兵叛变。他们破了营门，企图谋杀知州和兵马监押。得到此消息，**知州和监押都不敢出面，长儒却挺身而出，步行到军营前，劝告叛兵说："你们皆有父母妻子，为什么做出这样的事情！凡策划叛乱的都站到左边来，凡被迫跟随的站到右边来。"**【名师点拨：薛长儒关键时刻挺身而出，用言语平息了一场叛乱，说明他不仅胆识过人，而且处事果断，智勇双全。】于是，没有参与策划的数百名士兵都站到了右边，策划叛乱的十三个头头冲出营门逃走，四下散开躲进野外的村庄里，不久后均被抓获。后来人们就说：当时假如不是薛长儒在关键时刻挺身而出，全城的人们就要遭殃了。薛长儒就是用攻心夺气的计谋才

★ 人物介绍

吴汉（？—44），东汉宛县（今河南南阳）人，字子颜。后归刘秀，为偏将军，助刘秀灭王朗等割据势力，并镇压铜马等部农民军。后任大司马，封广平侯。

将叛乱者击退。或者换句话说：**在两军对垒时，针对强大敌军的弱点发起突然攻击，将其破坏就可取得胜利。**

名家评析

水凉水沸，是日常生活中常见的事。要使锅中的水沸腾，在锅底生火并加柴草即可。若不想让水沸腾，可以加进一些凉水，即扬汤止沸。也可以抽掉锅底的柴草，即釜底抽薪。扬汤止沸，水一时凉了，很快又会再沸，没有从根本上止沸。釜底抽薪，因为水靠火沸，火要薪生，便从根本上消除了水沸的基础或依靠物。

世间很多事物的**初始**【专家解疑：起初；开始的阶段。】与发展，和水凉水沸形式相似，生生变化之理相同。对立势力便是如此，与对立势力较量，道理和制止水沸相同。正面攻击等于扬汤止沸，可能劳而无功；消除对立势力的生存根源，便是釜底抽薪。

在现代商业经营中，经营者不论实力强大的一方，还是实力微弱的一方，都可以使用此计，以削弱对手势力而使之**不攻自破**【专家解疑：不用攻击，自己就溃败了，多形容观点、情节等站不住脚，禁不起反驳或责问。】。

计策事例

周亚夫平定吴楚联军之战

汉景帝三年（前154），吴王刘濞联合楚、赵、胶东、胶西、济南、淄川等七个诸侯王国，以“诛**晁错**、清君侧”为名，发动叛乱。正月，

哲理名言

在两军对垒时，针对强大敌军的弱点发起突然攻击，将其破坏就可取得胜利。

★ 人物介绍

晁错（前200—前154），颍川（今河南禹县）人，西汉政治家、文学家。

吴王刘濞、楚王刘戊联兵向西进攻。他们首先攻打忠于汉朝廷的梁国，包围了梁都睢阳（今河南商丘南），重创梁军，并于崤函间（今陕西潼关至河南灵宝一带）设下伏兵，阻止汉军东出，形势危急。景帝命周亚夫为太尉，率兵三十万解危平叛。周亚夫率军行至灞上（今陕西西安长安区东），采纳赵涉建议，改变行军路线，避开崤函间吴楚伏兵，绕道武关（今陕西商南西北）进军洛阳，然后派兵回头从后侧袭击吴楚联军设于崤函间的伏兵。继而移军荥阳（今河南荥阳），再从荥阳出发，从北侧越过正被吴楚重兵围困的睢阳，袭占了敌军后方重镇昌邑（今山东金乡西北）。之后，又出奇兵长途奔袭淮泗口（今江苏淮安淮阴区西），切断吴楚联军的水上粮道。梁王因睢阳吃紧，多次向周亚夫求援，周亚夫却始终屯军昌邑不动；**梁王上诉到景帝那里，景帝遣人转告周亚夫，周亚夫仍不发兵。**【**名师点拨**：俗话说："将在外，君命有所不受。"意思是，将领远征在外可以相机作战，不必事事请示君主或听从君主的命令，以免贻误战机。因此，周亚夫的做法是正确的。】此时，数十万吴楚联军久攻睢阳不下，粮道被断，又不得西过，处境被动，其出兵时的猛勇之势便大为削弱，不得已，转而进攻昌邑，企图与汉军主力决战。然而周亚夫却仍然坚守不出。吴楚军采用声东击西计对昌邑城实施强攻，又被汉军在城西北角打得大败。

二月，叛军粮尽，士卒饥疲，气丧志颓，被迫退兵。周亚夫遣精兵乘机追击，大破叛军。楚王刘戊自杀，吴王刘濞仅收得残兵数千乘夜逃脱，后窜至东越被诛。周亚夫仅用不到三个月的时间，未经大的强攻苦战，以很少的代价，便平定了声势浩大的吴楚七国之乱。其奥秘何在？应该说，在很大程度上是得益于他的"釜底抽薪"计。他绕开崤函伏兵，置危城睢阳而不救，兵临昌邑而不战，这就避开了强敌的锋芒；他首歼崤函伏兵，以奇兵断敌粮道，又以坚壁据守昌邑，避免决战，养精蓄锐，拖疲叛军，这就大大加强了自己实力，削减了敌人的气势，然后乘机反攻，大获全胜。这不正是"不敌其力，而削其势"的妙用吗！

第二十计　浑水摸鱼

【出处】

“浑水摸鱼”一词，开始的时候可能是渔民们从捕鱼实践中摸索、总结出来的一句经验性俗语，后来被兵家和军事指挥员们用来作为表述一种军事谋略的术语。**原意是，把水弄混浊了，鱼儿会晕头乱窜，此时乘机摸捉，往往易于得手。比喻乘混乱之机，谋取某种意外的利益。**【名师点拨：在军事上指有意给敌方制造混乱，或乘敌方混乱之机，消灭敌人，夺取胜利。例如，在战场上，冒充敌人而蒙混过关，是此计的典型应用。】

【原文】

乘其阴乱①，利其弱而无主。《随》，以向晦入宴息②。

【注释】

①乘其阴乱：阴，内部。全句意为：乘敌人内部发生混乱。

②《随》，以向晦入宴息：语出《易·随》。随，卦名。本卦为震下兑上。上卦为兑为泽；下卦为震为雷。言雷入泽中，大地寒凝，万物蛰伏，故卦象名“随”。随，顺从之意。随卦的象辞说：“泽中有雷，随。君子以向晦入宴息。”意思是说，人要随应天时进行作息，向晚就当入室休息。本计运用这一象理，是说打仗时要善于抓住敌方的可乘之隙，随机行事，乱中取利。

【译文】

乘着敌人内部混乱，利用敌人还是弱小而没有主见的有利时机，他随从我，就像人随着天时吃饭、休息一样。

【按语】

动荡之际，数力冲撞，弱者依违无主[①]，敌蔽[②]而不察，我随而取之。《六韬》曰："三军数惊，士卒不齐，相恐以敌强[③]，相语以不利，耳目相属，妖言不止，众口相惑，不畏法令，不重其将，此弱征也。"是鱼[④]，混战之际，择此而取之。如：刘备之得荆州，取西川，皆此计也。

【注释】

①依违：依，依靠，拥护。违，违背，反对。无主：没有拿定主意。

②蔽：受蒙蔽，被掩盖。

③相恐：相互传播一些令人惊恐的消息。以敌强：用一些形容敌人如何如何强大之类的话。

④鱼：猎取对象，比喻敌人。《六韬·文师》："今吾渔，甚有似也。"文王曰："何谓其有似也？"太公曰："钓有三种：禄等以权；死等以权；官等以权。夫钓以求得鱼也。其情深，可以观大也。"又《三略·上略》："香饵之下，必有死鱼。"《韩非子·内储说下》："古之人难正言，故托之于鱼。"

【译文】

局势动荡的时候，几个力量相互冲撞，弱小力量的依靠和违背都没有定数。敌人处于蒙蔽的情况，没有觉察到可以兼并的小力量，我抓紧机会收取它。《六韬》说："部队多次受到惊吓，士兵们人心不齐，

千古名句

三军数惊，士卒不齐，相恐以敌强，相语以不利，耳目相属，妖言不止，众口相惑，不畏法令，不重其将，此弱征也。

以敌人强大来相互恐吓，交谈不利的言论，**交头接耳**【专家解疑：彼此在耳朵边低声说话。】，散布谣言，**蛊惑**【专家解疑：毒害使迷惑。】人心，不怕法令，不尊重将领，这就是虚弱的特征。”这种“鱼”，在混战的时候，可加以选择而攻取。比如：刘备取得荆州和西川，都是用这一计。

名家评析

浑水摸鱼，原意是，在混浊的水中，鱼**晕头转向**【专家解疑：形容头脑昏乱，迷失方向。】，乘机摸鱼，可以得到意外的好处。此计用于军事，是指当敌人混乱无主时，乘机夺取胜利的谋略。在混浊的水中，鱼儿辨不清方向，在复杂的战争中，弱小的一方经常会动摇不定，这时就有可乘之机。更多的时候，这个可乘之机不能只靠等待，而应主动去制造这种可乘之机。一方主动去把水搅浑，一切情况开始复杂起来，然后可借机行事。

计策事例

淝水之战

前秦的军队紧逼淝水而布阵，东晋的军队无法渡过。【名师点拨：公元383年，成功统一北方的前秦皇帝苻坚发动战争意图消灭东晋，史称淝水之战。】谢玄派使者对阳平公苻融说：“您**孤军**【专家解疑：孤立无援的军队。】深入，然而却紧逼淝水部署军阵，这是长久相持的策略，不是想迅速交战的办法。如果能移动兵阵稍微后撤，让晋朝的军队得以渡河，以决胜负，不也是很好的事情吗！”前秦众将领都说：“我众敌寡，不如遏制他们，使他们不能上岸，这样可以万无一失。”苻坚说：“只带领兵众稍微后撤一点儿，让他们渡河渡到一半，我们再出动铁甲骑兵奋起攻杀，没有不胜的道理！”苻融也认为可以，于是就挥舞战旗，指挥兵众后退。前秦的军队一退就不可收拾。

谢玄、谢琰、桓伊等率领军队渡过河攻击他们。苻融驰马巡视军阵，想来收复退逃的兵众，结果战马倒地，苻融被东晋的士兵杀掉，于是前秦的军队就崩溃了。**谢玄等乘胜追击，一直追到青冈，前秦的军队大败，自相践踏而死的人，遮蔽山野，堵塞山川。**逃跑的人听到刮风的声音和鹤的鸣叫声，都以为是东晋的军队将要来到，昼夜不敢停歇，慌不择路，风餐露宿，饥寒交迫，死亡的人十有七八。

当初，前秦的军队稍微后撤时，朱序在军阵后面高声呼喊："秦军失败了！"兵众们听到后就狂奔乱逃。朱序乘机与张天锡、徐元喜都来投奔东晋。缴获了前秦王苻坚所乘坐的装饰着云母的车乘。又攻取了寿阳，抓获了前秦的淮南太守郭褒。【名师点拨：秦军之所以被晋军打败，是因为晋军在秦军撤退时高喊："秦军失败了！"秦军因而不战自乱，使晋军得以"浑水摸鱼"。】

第二十一计　金蝉脱壳

【出处】

"**金蝉脱壳**【专家解疑：比喻用计脱逃而使对方不能及时发觉。】"原指一种生命现象，指蝉类昆虫在其生命进程中发生的一种蜕变。也就是人们在树林中能经常见到的，秋蝉从本体脱壳而去，却将蝉衣留在枝头。古人便用这种现象来喻指人类社会生活中的某些事物。如《史记·屈原贾生列传》说："濯淖污泥之中，蝉蜕于浊秽，以浮

好词好句

乘胜追击

*谢玄等乘胜追击，一直追到青冈，前秦的军队大败，自相践踏而死的人，遮蔽山野，堵塞山川。

游尘埃之外，不获世之滋垢，嚼然泥而不滓者也。”又《淮南子·精神训》：“蝉蜕蛇解，游于太清。”

佛家道家也常用以喻指得道者之死乃弃尸登仙，有如【专家解疑：就像；好像。】蝉之脱壳。至于从何时开始将“金蝉脱壳”一语用来喻指某种军事计谋，目前尚难确证，但至少在元朝以前就有了。如元施惠《幽闺记·文武同盟》中写道：“曾记得兵书上有个“金蝉脱壳”之计。”后来在各类文章、作品中使用此语的就更多了。

【原文】▶

存其形，完其势[1]；友不疑，敌不动。巽而止，《蛊》[2]。

【注释】▶

①存其形，完其势：保存阵地已有的战斗阵容，完备继续战斗的各种态势。

②巽而止，《蛊》：语出《易·蛊》。蛊卦为巽下艮上。艮为山、为刚，为阳卦；巽为风、为柔，为阴卦。故“蛊”的卦象是“刚上柔下”，意即高山沉静，风行于山下，事可顺当。又，艮在上，为静；巽为下，为谦逊，故又是“谦虚沉静”“弘大通泰”是天下大治之象。此计引本卦《象》辞：“巽而止，《蛊》。”其意是暗中谨慎地进行主力转移，稳住敌人；趁敌不惊疑之际，脱离险境。“蛊”有顺的意思。

【译文】▶

保存原来的形态，进一步完善各种态势，要让自己的友军不怀疑，也要让敌人毫不察觉，不会采取什么行动。【名师点拨：两军对峙时，一方贸然采取行动，很可能将自己的弱点暴露给对方，从而招致失败。因此，

千古名句

存其形，完其势；友不疑，敌不动。

"金蝉脱壳"的要旨就在于"敌人毫不察觉"。】我方暗中谨慎地转移主要力量，避开强敌，免受损伤。

【按语】

共友[1]击敌，坐观其势。倘另有一敌，则须去而存势[2]。则金蝉脱壳者，非徒[3]走也，盖为分身之法也。故大军转动，而旌旗金鼓俨然原阵，使敌不敢动，友不生疑。待己摧他敌而返，而友敌始知，或犹且不知。然则金蝉脱壳者，在对敌之际，而抽精锐以袭别阵也。如：诸葛亮病卒于军，司马懿追焉。姜维令仪反击鸣鼓，若向懿者，懿退，于是仪结营[4]而去。檀道济被围，乃命军士悉甲[5]，身白服乘舆徐出外围[6]。魏惧有伏，不敢逼，乃归（《南史·檀道济传》《广名将传》）。

【注释】

①共友：与友军联合。

②存势：保存阵势。

③徒：仅仅，只是。

④结营：安营扎寨。此处意为保持着完整的营寨，亦即保持了军队的完整。

⑤乃：于是，就。悉甲：全部披上盔甲。

⑥身：这里是指身上的穿着。白服：便服。舆：车。徐：从容地。外围：包围圈之外。

千古名句

故大军转动，而旌旗金鼓俨然原阵，使敌不敢动，友不生疑。待己摧他敌而返，而友敌始知，或犹且不知。

【译文】

同友军联合对敌作战，要仔细察明敌、我、友三方面的态势。【智慧引路：在人生的战场上，我们做任何事情前，都要认真观察、思索，从而找出最巧妙的办法，不能硬着头皮蛮干。】如果另外发现敌人，必须保持原来的阵势而分兵去迎击。“金蝉脱壳”并不是一走了之，它是一种分身的法术。**因此，当我方大军转移后，依然要旗帜招展，锣鼓声喧，很逼真地保持原来的阵势，这就可以使敌人不敢妄动，友军也不致生疑。**【名师点拨：简单来说，就是一定要把假象营造出逼真的效果。】等到我已摧毁别处的敌人返回来，友军和敌人才发觉，或者还没有发觉。“金蝉脱壳”就是在对敌作战时，暗中抽走精锐部队去袭击别处的敌人的军阵。比如：诸葛亮第六次出祁伐魏时病死于军中，魏军大都督司马懿领兵追袭。姜维命令杨仪指挥部队擂鼓佯攻，其矛头好像是指向司马懿的魏军。司马懿见后便引军退走了。于是杨仪得以完军而归去。**又如南北朝时，宋将檀道济被北魏军队围困。檀道济命令军士全部戴盔披甲，而自己则身着便装、坐着车子，领军从容地走出敌军包围圈。**【智慧引路：檀道济的例子教育我们：无论情况多么严峻，都必须保持镇定，从容应对，冷静地找出解决问题的办法并迅速执行。】北魏的军队害怕宋军有埋伏，因而不敢逼近，于是檀道济得以安全归去。

名家评析

金蝉脱壳的本意是：寒蝉在蜕变时，本体脱离皮壳而走，只留下蝉蜕还挂在枝头。此计用于军事，是指通过伪装摆脱敌人，撤退或转移，以实现我方的战略目标的谋略。稳住对方，撤退或转移，绝不是惊慌失措，消极逃跑，而是保留形式，抽走内容，稳住对方，使自己脱离险境，达到己方战略目标。己方常常可利用巧妙分兵转移的机会出击另一部分敌人。如按语中檀道济使用的计策，险中有奇，使敌人被假象迷惑，做出了错误的判断。

计策事例

悬羊击鼓惑金兵

南宋宁宗开禧年间，金兵屡犯中原。南宋名将毕再遇先后在泗州（在今江苏泗洪）、盱眙（今江苏洪泽湖附近）、灵璧（在今安徽）、楚州（在今江苏淮安）等地大败金军，威名远震，金兵闻之丧胆。

一次，金兵又调集数万精锐骑兵，要与宋军决战。此时，宋军只有几千人马，如果与金军决战，必败无疑。

毕再遇为了保存实力，准备暂时撤退。金军已经**兵临城下**【专家解疑：大军压境，城被围困。形容形势危急。】，如果知道宋军撤退，肯定会乘势追杀，那样，宋军损失一定惨重。

毕再遇苦苦思索如何蒙蔽金兵，转移部队。这时，只听帐外马蹄声响。毕再遇受到启发，计上心来。

他暗中做好撤退部署。当天半夜时分，命兵士巧妙地制作鼓声。【名师点拨："鼓声"也能制作吗？读到此处，大多数读者都是将信将疑，心中充满好奇，别急，答案就在下文中。】

金军听见鼓响，以为宋军趁夜劫营，急忙集合部队，准备迎战。哪里知道只听见宋营战鼓隆隆，却不见一个宋兵出城。

宋军连续不断地击鼓，搅得金兵整夜不得休息。**金军的头领似有所悟：原来宋军采用疲兵之计，用战鼓搅得我们不得安宁。**

好吧，你击你的鼓，我再也不会上你的当。

宋营的鼓声连续响了两天两夜，金兵根本不予理会。【名师点拨：金军头领的猜测"合情合理"，殊不知已陷入毕再遇的计谋之中：金兵不理会宋营的鼓声，岂料宋军已在鼓声的掩盖下悄然撤走。】到了第三天，金兵发现，宋营的鼓声逐渐微弱，金军首领断定宋军已经疲惫，就派军分几路包抄，小心翼翼靠近宋营，见宋营毫无反应。金军首领一声令下，金兵**蜂拥**【专家解疑：像蜂群似的拥挤着（走）。】而上，冲击宋营，这才发现宋军已全部安全撤离了。

原来毕再遇使了“金蝉脱壳”计。他命令兵士将数十只羊的后腿捆好绑在树上，使倒悬的羊的前蹄拼命蹬踢，又在羊蹄下放了几十面鼓。羊腿拼命蹬踢，鼓声隆隆不断。毕再遇运用“悬羊击鼓”的计策迷惑了敌军，安全转移了。

第二十二计　关门捉贼

【出处】▶

“关门捉贼”是指对弱小的敌军要采取四面包围、聚而歼之的谋略。如果让敌人得以脱逃，情况就会十分复杂。穷追不舍，一怕它拼命反扑，二怕中敌诱兵之计。这里所说的“贼”，是指那些善于偷袭的小部队，它的特点是行动诡秘，出没不定，行踪难测。它的数量不多，破坏性却很大，常会趁我方不备，侵扰我军。所以，对这种“贼”，不可放其逃跑，而要断他的后路，聚而歼之。当然，此计运用得好，绝不只限于“小贼”，甚至可以围歼敌主力部队。它与另一民间俗语“关门打狗”的意思相近。后来人们以智谋用于战争，有了非凡的意义。**在军事实践中，它与军事家和军事指挥员们常讲或常用的围歼战、口袋阵等大体上是一回事。古今中外战史上使用此计的，比比皆是。**【名师点拨：战国时孙（膑）庞（涓）马陵道之战（前342）、秦赵长平之战（前262）和汉初的楚汉垓下之战（前202）等，均是使用此计消灭对手的典型战例。】

【原文】▶

小敌困之。《剥》，不利有攸往①。

【注释】

①《剥》，不利有攸往：语出《易·剥》。剥卦为坤下艮上。上卦为艮、为山，下卦为坤、为地。意即广阔无边的大地在吞没山岳，故卦名曰“剥”。“剥”，落也。剥卦的卦辞说：“剥，不利有攸往。”意思是说：当万物呈现剥落之象时，如有所往，则不利。此计引此卦辞，是说对小股敌人要即时围困消灭，而不利去急追或者远袭。

【译文】

对付小股敌人，要围困起来，将其消灭。如果让他们走掉，便极不利于我方追击。【智慧引路：生活中，有些问题看似很小，似乎无关紧要，但我们不能对其视而不见、放任不管，否则早晚会酿成大麻烦。】

【按语】

捉贼而必关门，非恐其逸[①]也，恐其逸而为他人所得也。且逸者不可复追，恐其诱也。贼者[②]，奇兵[③]也，游兵[④]也，所以劳我者也。《吴子》曰：“今使一死贼伏于旷野，千人追之，莫不枭视狼顾[⑤]。何者？恐其暴起而害己也。是以一人投命[⑥]，足惧千夫。”追贼者，贼有脱逃之机，势必死斗；若断其去路，则成擒矣。故小敌必困之，不能，则放之可也。

【注释】

①逸：逃亡，跑掉，隐藏。

②贼者：这里是指诡计多端的盗贼。《通俗常言疏证·盗贼》：

千古名句

一人投命，足惧千夫。

"贼有贼智。"《通俗编》："盗虽小人，智过君人。"

③奇兵：使用偷袭战术的部队。《百战奇法·奇战》："凡战所谓奇战，攻其无备，出其不意也。"

④游兵：机动灵活的游击队。

⑤枭(xiāo)视：猫头鹰白天看物，视而不见，眼大无神的样子。《吴子直解·励士》："枭，恶鸟也：日午不见物，故数视。"这里解作：视而不见。狼顾：狼行走时，四下张望，以防袭击，比喻有后顾之虑。这里解作：顾虑重重。见《史记·苏秦列传》："秦虽欲深入，则狼顾，恐韩魏之议其后也。"

⑥投命：豁出命去、不怕死。

【译文】

捉贼之所以必须要关门，不仅仅是担心敌人逃走，而是怕他逃走之后被他人捉住而利用。而且，如果门关不紧，让敌人脱逃，千万不可轻易追赶，以防中了敌人的诱兵之计。所谓贼，指的是那些出没无常、善于搞突然袭击、**神出鬼没**【专家解疑：形容变化巧妙迅速，或一会儿出现，一会儿隐没，不容易捉摸（多指用兵出奇制胜，让敌人摸不着头脑）。】地攻击我军的游击队伍或逃亡力量的敌对力量。他们的企图是使我军疲劳，以便实现他们的目的。兵书《吴子》写道："现在让一个亡命之徒，隐藏到广大的原野里，纵然派出一千人去追捕他，人们也会视而不见，顾虑重重。这是为什么呢？是怕遭遇突然袭击而受伤。因此只要有一个人不怕死，他就可使一千个人恐惧。"追赶盗贼这事，如果盗贼发现还有逃脱的机会，他必然拼死格斗；如果截断他的去路，盗贼就非被擒住不可。**所以，对付弱小的敌人，必须包围、歼灭；如果办不到，暂时任他逃走也未尝不可。**【智慧引路：生活中，如果有一些小问题一时无法解决，只要不影响大局，我们可以暂时将其搁置起来，待有了妥善的解决方案再予以解决。】

名家评析

根据按语不难推测，敌军如能脱逃，势必拼命战斗，如果截断他的去路，敌军就易于歼灭了。所以，对弱敌必须围而歼之，如果不能围歼，暂时放它逃走也未尝不可，千万不可轻易追击。

如果指挥员能统观全局，因势用计，因情变通，捉到的也可能不是小贼，而是敌军的主力部队。所谓“关门捉贼”，就是这种情况。

计策事例

划河圈地，且防且剿

太平天国失败后，捻军成了反抗清朝统治的主力。1864 年 12 月，捻军与太平军遵王赖文光部会合，捻军首领张宗禹、任化邦等共推赖文光为统帅，“誓同生死，万苦不辞”。赖文光按照太平军的兵制、纪律和训练方法，整编了捻军，并把“披霜蹈雪，以期复国于指日”作为奋斗目标。赖文光根据捻军精骑善走的特点，创造出一套步骑结合、灵活机动的运动战战术，出奇制胜，击毙僧格林沁，打败曾国藩。但是，由于全国革命形势低落，赖文光深感“独立难持，孤立难久”。1866 年 10 月捻军在河南杞县、陈留附近决定分为东西两支：由赖文光、任化邦率领的一支，继续在山东和中原一带坚持斗争，称为东捻军；由张宗禹率领的一支，“前进甘陕，往连回众，以为掎角之势”，称为西捻军。就是在这种形势下，李鸿章走上了剿捻前线。

李鸿章在剿捻中，还根据战争态势的变化，灵活地实施了**曾国藩**

★ 人物介绍

曾国藩（1811—1872），初名子城，字伯涵，号涤生，近代政治家、战略家、理学家、文学家，湘军的创立者和统帅，晚清名臣。

所制定的战略方针。曾国藩剿捻方略的基本原则是“以静制动”。在以前镇压太平天国的战争中，“以静制动”是作为战术原则为“以上制下”的战略方针服务的。及至与捻军作战，情况就有所不同，捻军没有像太平天国那样相对稳定的根据地，单纯流动的军事斗争，“以走制敌”为捻军的最大特点。面对这种情况，曾国藩确定了“以静制动”的战略方针。在具体部署上，有所谓“四镇六游”之说。他以安徽临淮、江苏徐州、山东济宁、河南周家口四处为“老营”，“各驻大兵，多蓄粮草火药，为四省之重镇，一省有急，三省往援”，并增设了六路“游击之师”，负责“追剿”，所谓“六游分进，梭织不断”。在此基础上，他又东在运河、西在豫东的沙河和贾鲁河设立“河防”，力图圈制捻军。在地方上则“查办民圩”，加强**坚壁**【**专家解疑**：本指使城墙和堡垒坚固，后指把物资藏起来，使其不落到敌人的手里。】清野和治安防范，割断捻军与人民群众的联系，“以清根本”。曾国藩意在以湘淮军之长，克捻军之短，应该说是极为毒辣的。

但是，对于这种部署，特别是沿河堤筑墙设防，“闻者皆笑其迂”。时在后方的李鸿章也**不以为然**，致书襄办曾国藩军务并建河防之策的刘秉璋讽刺说：“**古有万里长城，今有万里长墙，不知秦始皇千年后遇公等知音。**”然而，**当他挂帅剿捻后，揆情度势，才体察到曾国藩战略部署的深意。**

李鸿章有了攻灭东捻军的成功经验，在直东战场基本上是“抄袭旧稿”，使用“圈制”故技。但是，在直东战场实施“就地圈制”战略，却遇到了相当严重的困难：第一，西捻军鉴于东捻军的覆辙，

好词好句

不以为然

揆情度势

*古有万里长城，今有万里长墙，不知秦始皇千年后遇公等知音。

* 当他挂帅剿捻后，揆情度势，才体察到曾国藩战略部署的深意。

有了较高的警惕性，“一闻围扎”，立即“死力冲突”“飙疾如风，一瞬即失”，李鸿章“初意拟蹙之怀、卫之间，继欲扼之卫、黄之交，皆未及谋定而贼已窜逸”，使得李鸿章无法从容布置；第二，所谓“就地圈制”重在利用地利，但“黄河以北，平坦千里，网罗难使”，虽说“就运河一线设防，蹙之海东一隅，较得地势”，然而战线漫长，加之河道水位低，“不能以水为险”“设防全恃兵力”，但就当时直东战场的清军兵力而言，“有守无战”难以攻灭西捻军。

面对这种局势，李鸿章认为“即严督诸军日以追剿为事，能胜贼而未足以灭贼，且久有覆军疲师之忧”，与其这样，就不如暂且以守待变。但左宗棠却不以为然，他力主“追剿”。**李鸿章写信给沈葆桢，批评常以诸葛亮自比的左宗棠说**【名师点拨：左宗棠与曾国藩、李鸿章、张之洞同为“晚清四大名臣”，他“以诸葛亮自比”，足见他高超的才略和过人的自信。】：“诸葛公提偏师从诸将后，到处寻贼，吾谓非计，其免于九节度之溃者几希。”事实上，当时李、左等人的战略都失之偏颇。李鸿章看来“稳慎”，而实则陷于消极被动；左宗棠主观上积极主动，但实际上却不免鲁莽操切，这同样是对捻军胸无良策的表现。

正当他们**一筹莫展**【专家解疑：一点儿计策也施展不出；一点儿办法也想不出。】的时候，不料天公帮了大忙，形势顿现转机。五月上旬，漳、卫上游，山洪暴发，运河水位陡涨至一丈五六尺。这使清军在运河防线北段有了水险可恃，并且通过沧州以南的捷地坝将运河水灌入减河，从而增加了自捷地坝至海滨牧猪港全长百余里的北面一条水上防线。接着五月中旬“黄水陡涨数尺”，这既使清军黄河防线得到加强，又使清军得以在张秋开坝引黄入运，使原来自张秋至临清二百余里干涸可涉的河段，大水漫灌，“炮船鼓棹如飞，直逼德、景”。此后，“黄水复暴涨，自运河以洎马颊诸河，无不盈堤拍岸，横溢四出，流潦纵横，于是运河一线，遂为金城巨防”。这样就形成了南以黄河、西以运河、北以减河为凭借的包围圈，使捻军受到致命的威胁。

这种条件也为李、左二人战略主张趋于统一提供了物质前提。自从五月上旬运水陡涨以后，左宗棠看到“圈制”有了地利保障，就转而表示赞同，他致函李鸿章解释说：“圈制一策，实制捻良图，惟从前减河未注水时，地段太长，需时又久，弟不能无疑。见（现）在捷地闸开，工程既省，自兴济以南东岸居民均移西岸，正可用民力筑堤自保，而以官军协守，腾出各军剿贼。”左宗棠在同意“圈制”的同时，仍然主张腾出一定的兵力用于“追剿”。李鸿章也凭借地利条件，压缩河防兵力而用之于“追剿”。**这样，李、左二人的意见便趋于一致。二人意见的统一、行动的配合，也就决定了战略大势，其他大员只得附而从之。**【**智慧引路**：这个例子反映出团结的重要性：一个团队只有团结起来，心往一处想，劲往一处使，同心同德，群策群力，才能发挥出最强的战斗力。】像官文、丁宝桢、英翰等人都明确表示赞同李鸿章的战略部署。清廷也上谕明确肯定李、左的意见，令其“酌度筹办”。

“划河圈地”“且防且剿”的战略，使清军在直东战场取得战略主动权。

捻军试图突破清军河防没有结果，而在包围圈内又无法摆脱清军围追堵截，只好被动地奔突，最后进入山东北部。李鸿章不失时机地“缩地围扎”，在马颊河与徒骇河**布防**【**专家解疑**：布置防守的力量。】，把捻军压迫在其间的高唐、商河、惠民一带的狭长地带，并配合地方当局“查圩”，致使捻军陷入绝境。八月，张宗禹率部突围，南下到达山东茌平境内，不料徒骇河水陡涨，猝遇清军阻击，全军覆没，张宗禹不知去向。

第二十三计　远交近攻

【出处】

远交近攻，语出《战国策·秦策》，范雎曰：**“王不如远交而近攻。得寸，则王之寸；得尺，则王之尺也。今舍此而远攻，不亦谬乎？”**【名师点拨：本句意思是：大王不如采取结交远国而攻击近国的策略，得到寸土是王的寸土，得到尺地是王的尺地。如今舍近而攻远，这不是个错误吗？】约在秦昭王三十八年（前269）左右，范雎因避难由魏入秦。秦昭王知其能，遂以上宾相待，向他长跪而三问计。当时，秦欲统一天下。范雎在分析了秦王对外政策的失误之后，给秦昭王献上了“远交近攻”的策略。秦昭王采纳了范雎的建议，此后，“远交近攻”便成为秦逐步吞并六国的主要方针，并由此最终达到了统一天下，建立秦帝国的目的。

【原文】

形禁势格①，利从近取，害以远隔。上火下泽②。

【注释】

①形禁势格：禁，禁锢，限制。格，阻碍。全句意为：受到地势的限制和阻碍。

②上火下泽：语出《易·睽》。睽卦为兑下离上。上卦为离为火，下卦为兑为泽。上火下泽，是水火相克；水火相克则又可相生，循环无穷。又“睽”：离违，即矛盾。本卦《象》辞说：“上火下泽，睽。”意为上火下泽，两相违离、矛盾。此计运用“上火下泽”相

千古名句

形禁势格，利从近取，害以远隔。

互违离的道理，说明采取“远交近攻”的不同做法，使敌相互矛盾、违离，而我则可各个击破。

【译文】

受到地势的限制和阻碍，先攻取就近的敌人有利，越过近敌先去攻取远隔之敌是有害的。【名师点拨：越过近敌去攻击远敌，不仅战线漫长，而且要防备近敌的背后偷袭，很可能落得劳民伤财、得不偿失的结果。】这是从睽卦象辞“上火下泽，睽”一语中悟出的道理。

【按语】

混战之局，纵横捭阖[①]之中，各自取利。远不可攻，而可以利相结；近者交之，反使变生肘腋[②]。范雎之谋，为地理之定则，其理甚明。（《战国策·秦策》《战略考·战国》）

【注释】

①纵横捭（bǎi）阖：纵南北、横东西。战国时，苏秦联合六国，抗拒强秦，叫作合纵；张仪瓦解六国，变拒秦为事秦，叫作连横。捭阖，择取手段，以便应对。见《鬼谷子·捭阖》：“捭之者，开也、言也、阳也；阖之者，闭也、默也、阴也。”纵横捭阖，意思是：采取联合与分化、公开与秘密的手段，伺机破敌。

②肘腋（yè）：肘，胳膊的上节和下节。腋，胳肢窝。这里的肘腋，是比喻非常迫近的地方。

【译文】

在混战的局面中，各种势力联合、分离不定，但都各自获取利益。**远处的势力不可以攻打，要用利益来结交；如果跟近处的势力结交，反而使变故发生在贴近自己虚弱或要害的地方。**【智慧引路：我们在做事情时，要具体情况具体分析，根据不同的情况采取相应的办法，切不可一概而论，教条式地套用一种方法。】范雎提出的远交近攻策略，符合地理的原则，道理很明显。

名家评析

远交近攻的谋略，不只是军事上的谋略，它实际上更多地指总司令部甚至国家最高领导者采取的政治战略。对远国则大棒和**橄榄枝**【专家解疑：油橄榄的枝叶，西方用作和平的象征。】相互配合运用，不使敌与自己的近邻结盟。对邻国则挥舞大棒，把它消灭。如果和邻国结交，恐怕变乱会在近处发生。其实，从长远看，所谓远交，也绝不可能是长期和好。消灭近邻之后，远交之国也就成了近邻，新一轮的征伐也是不可避免的。

计策事例

秦祸东引，拉赵抗秦

“拉赵抗秦”是战国时期韩国上党郡太守冯亭在秦国进攻面前所采取的联赵抗秦策略。

公元前262年，秦昭王派大将白起攻打韩国，占领了野王城（今河南沁阳）。【名师点拨：这一事件的起因便是范雎入秦，提出了“远交近攻”的策略。秦昭王因此命令秦军首先攻魏，然后转向韩国。】野王城，位于太行山南端，濒少水，临黄河，是从韩国的上党郡（今山西长治一带）南渡黄河，进入韩国都城郑地（今河南新郑）的通道。秦军一举占领野王，将韩国拦腰切为两段，上党郡向秦军求和。

上党郡太守冯亭见南入国都的道路被截断，失去了同国都的联系；同时，守地孤悬，既无援兵，又无粮济，不可能再战，但又不愿意**束手**【专家解疑：捆住了手，比喻没有办法。】献城，甘当亡奴，便采取了“拉赵抗秦”的策略。

冯亭认为，韩国城池有限而秦国贪得无厌，以上党郡不可能满足秦国吞食韩国的欲望，而只能调动其继续侵略的野心。因此，与其以上党郡归秦，“不如以上党归赵。赵若受我，秦怒，必攻赵。赵被兵，必亲韩。韩、赵为一，则可以挡秦”（《史记·白起王翦列传》），此乃万全之策。于是，冯亭即采取了一些“秦祸东引，拉赵抗秦”的谋略行动：冯亭首先遣使入赵，把上党郡所属的十七个邑全部送给赵国；其次，冯亭东入赵国，叩首称臣，被赵孝成王封为华阳君。冯亭的谋略行动达到了预期的目的。公元前261年，秦王派左庶长收取上党郡时，即遭到了赵国的坚决抵抗。**赵将廉颇“依据上党地险，引援上党之民而据守”（《资治通鉴》卷五），不仅利用了山险，而且利用了韩国坚决抗秦的民心士气，军储充裕，城防坚固，使秦军无可奈何。**【名师点拨：不幸的是，赵王听信秦人散布的流言，用“纸上谈兵”的赵括取代廉颇为主帅，最终导致长平大败，四十多万赵军全军覆没。】

“拉赵抗秦”之谋的成功运用，使秦祸东引，加深了秦、赵间的矛盾，促成了韩、赵统一抗秦战线的建立。同时，赵国筑垒固守，坚不出战，有效地消耗了秦军的力量，致使双方相持三年，不分胜负。

第二十四计　假道伐虢

【出处】

“假道伐虢”，事见《左传·僖公二年》。春秋时期的大国晋国想要吞并邻近的两个小国：虞和虢。为此，晋国大夫荀垂息向晋献公献计说：**“请以屈产之乘与垂棘之璧，假道于虞以伐虢。”**【名师点拨：意思是：请你用屈地出产的良马和垂棘地区出产的美玉去收买虞国的国君，然后向虞国借道去攻伐虢国。】虞公不听大臣宫之奇的劝阻，接受了晋国的要求，不但借道给晋国，还出兵帮助晋国攻占了虢国的国都下阳。这是晋献公十九年（前658）的事。

过了三年，晋献公再次向虞国借道伐虢，虞国大臣宫之奇再次劝说虞公不要上当。他说：“虢国是虞公的外围屏障，虢国灭亡了，虞国必然会跟着被灭亡。好比嘴唇和牙齿相互依存一样，唇亡则齿寒。”但虞公不听，并说，晋国和虞国都属姬姓，是**同宗**【专家解疑：同属一个宗族。】关系，晋国是不会**加害**【专家解疑：蓄意施加危害；使人受害。】虞国的。宫之奇见虞公不听他的劝阻，预见到虞国必亡，便带着全家避难去了。后来，果然不出宫之奇所料，晋在灭虢之后，在回师途中，顺手灭掉了虞国，虞公及其家室都当了俘虏。

【原文】

两大之间，敌胁以从，我假①以势。《困》，有言不信②。

千古名句

两大之间，敌胁以从，我假以势。

【注释】

①假：假借。

②《困》，有言不信：语出《易·困》，困卦为坎下兑上。上卦为兑、为泽、为阴；下卦为坎、为水、为阳。卦象表明，本该容纳于泽中的水，现在离开泽而向下渗透，以致泽无水而受困；同时，水离开泽流散无归也是困，所以卦名为“困”。“困”为困乏的意思。困卦的卦辞说：“困，有言不信。”大意是说：处在困乏境地，难道还能不相信强者的话吗？本计运用此卦理，是说处在两个大国中的小国，面临着受人胁迫的境地。这时，我若说要去援救他，他在困顿中能会不相信吗？

【译文】

处在敌我两个大国之间的小国，敌方要是威胁小国顺从于它时，我方应当借机去救援，以便渗透扩展自己的势力。【名师点拨：从军事角度来说，这样做的原因是：敌人的敌人就是我们的朋友；敌人势力的壮大就意味着我方势力的减弱。】对于处在敌人胁迫下的国家，只作口头的救援承诺，却没有举兵践行诺言的行动，就不会得到它的信任。

【按语】

假地[①]用兵之举，非巧言可诳，必其势不受一方之胁从，则将受双方之夹击。如此境况之际，敌必迫之以威，我则诳之以不害，利其幸存之心，速得全势[②]。彼将不能自阵[③]，故不战而灭之矣。如：晋侯[④]假道于

千古名句

敌必迫之以威，我则诳之以不害，利其幸存之心，速得全势。彼将不能自阵，故不战而灭之矣。

虞以伐虢。晋灭虢，虢公丑奔京师[5]。师还，袭虞灭之。（《左传·僖公二年》《左传·僖公五年》）

【注释】

①假地：借地。

②全势：整个局势。

③自阵：依靠自己的力量保持阵势。

④晋侯：春秋时代晋国的国君，此处指晋献公（前676—前651在位）。

⑤丑：虢国国君的名字。京师：东周国都洛邑，即今洛阳。

【译文】

假道用兵的行动，不是靠花言巧语所能欺蒙取得的，必须是这个国家处于这样的形势：如果它不是受来自一方的威胁，就会遭到双方的夹击。【名师点拨：“借道”是对一国领土主权的一种侵犯，因此，一个国家若非处于弱势或危险地位，是不会同意别国“借道”的。】在这种情况下，敌人必然会用武力来逼迫它，我方却从不侵犯它的利益进行诱惑，利用它**侥幸**【专家解疑：由于偶然的原因而得到成功或免去灾害。】图存的心理，立刻把力量扩展进去，控制整个局势。这样，它势必不能够保住阵地，所以不必经过战斗，就可以把它消灭了。例如：春秋时晋献公向虞国借道征伐虢国。晋国将虢国灭了，虢国的国君姬丑逃到了东周的京城洛邑，晋国军队在返回的途中，又袭击虞国，并将它灭掉了。

名家评析

这条按语讲了一种情况，说是处在夹缝中的小国，情况会很**微妙**【专家解疑：深奥玄妙，难以捉摸。】。一方想用武力威逼它，一方却用不侵犯它的利益来诱骗它，趁它心存侥幸之时，立即把力量渗透进去，控制它的局势，所以，不需要打什么大仗就可以将它消灭。其实，此计的关键在于“假道”。善于寻找“假道”的借口，善于隐蔽“假道”的真正意图，突出奇兵，往往可以取胜。

计策事例

楚文王假道灭蔡

东周初期，各诸侯国都乘机扩张势力。楚文王时，楚国势力日益强大，汉江以东小国，纷纷向楚国称臣**纳贡**【专家解疑：封建时代藩属对宗主国或臣民对君主呈献礼品。】。当时有个小国叫蔡国，仗着和齐国联姻，认为有个靠山，就不买楚国的账。楚文王**怀恨在心**，一直在寻找灭蔡的时机。

蔡国和另一小国息国关系很好。蔡侯、息侯娶的都是陈国女人，经常往来。但是，有一次息侯的夫人路过蔡国，**蔡侯没有以上宾之礼款待，气得息侯夫人回国之后，大骂蔡侯**。息侯对蔡侯有一肚子怨气。

楚文王听到这个消息，非常高兴，认为灭蔡的时机已到，派人与息侯联系。息侯想借刀杀人，**向楚文王献上一计：让楚国假意伐息，他就向蔡侯求救，蔡侯肯定会发兵救息。这样，楚、息合兵，蔡国必败**。【名师点拨：面对强大的楚国，息国和蔡国只有联合起来才有出路。而息侯这种做法无疑是引狼入室，自取灭亡。】楚文王一听，何乐而不为？于是他立即调兵，假意攻息。蔡侯得到息国求援的请求，马上发兵救息。可是兵到息国城下，息侯竟紧闭城门，蔡侯急欲退兵，楚军已借道息国，把蔡侯围困起来，终于俘虏了蔡侯。

好词好句

怀恨在心

*蔡侯没有以上宾之礼款待，气得息侯夫人回国之后，大骂蔡侯。

蔡侯被俘之后，痛恨息侯，对楚文王说："息侯的夫人息妫是一个绝代佳人。"他想用这话刺激好色的楚文王。楚文王击败蔡国之后，以巡视为名，率兵到了息国都城。息侯亲自迎接，设盛宴为楚文王庆功。楚文王在宴会上，趁着酒兴说："我帮你击败了蔡国，你怎么不让夫人敬我一杯酒呀？"息侯只得让夫人息妫出来向楚文王敬酒。楚文王一见息妫，果然天姿国色，马上**魂不附体**【专家解疑：灵魂离开了身体，形容恐惧万分。】，决定一定要据为己有。第二天，他举行答谢宴会，早已布置好伏兵，席间将息侯绑架，轻而易举地灭了息国。

息侯害人害己，他主动借道给楚国，让楚国灭蔡，给自己报了私仇，却不料，楚国竟不丢一兵一卒，顺手将自己也给消灭了。

阅读思考

1.周亚夫是如何平定"七国之乱"的呢？

2.冯亭为什么要将上党献给赵国？

3.息侯为什么要帮助楚国攻打蔡国呢？

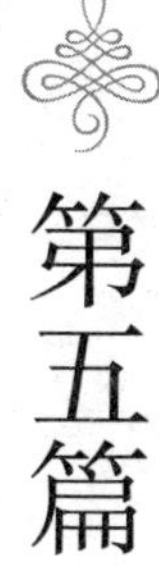

第五篇

并战计

“并战计”是《三十六计》中第五套计，其中“并”字指兼并、吞并。顾名思义，这是一套对付没有完全形成敌对态势的潜在敌人的计策。和“胜战计”“攻战计”相比，此套计更偏重于策略性；而与“混战计”相比，计策对象与我军当前的关系更好一些。在这种形势之下，将领就得妙思攻守之计，例如司马懿“诈病赚曹爽”等。那么，司马懿具体是怎么做的呢？

第二十五计　偷梁换柱

【出处】

偷梁换柱，原是一句成语。**一般认为，它是来源于商纣王“托梁换柱”的传说。**【名师点拨：据传，商纣王的父亲帝乙一次领着纣王及百官游览御花园，行至飞云阁，见阁上塌了一梁，心中不悦。纣王力大无穷，见状便“托梁换柱”，将一座飞云阁修好了。】又《红楼梦》第九十七回描述王熙凤设计以薛宝钗冒充林黛玉与贾宝玉成婚时，也说过“偏偏凤姐想出一条偷梁换柱之计”。

按照前人的解释，此计的本意是：在同友军一道作战时，乘友军战斗失利之机，将其主力并将过来，加以控制。但也有人认为，此计也可理解为：在与敌军作战时，设法将其主力调开，然后抓住其弱点，进行攻击，战而胜之。同时还有人认为，此计运用于政治斗争中，与人们通常所说的“调包【专家解疑：暗中用假的换真的或用坏的换好的。】计”相似。

【原文】

频更其阵①，抽其劲旅，待其自败，而后乘之②，曳其轮③也。

【注释】

①频：频繁、不断地。其：指示代词，这里指的是友军。阵：古代作战时用的阵式。

②乘之：乘，乘机。乘之，这里是指乘机加以控制。

③曳其轮：曳，拖住。这句话出自《易·既济·象》：“曳其轮，义无咎也。”意思是说：只要拖住了车轮，便能控制车的运行，这是不会有差错的。

【译文】

频繁地更换盟军阵容，抽调盟军阵容的主力，等待它自己败落，然后再乘机兼并它。**拖住了车轮，车子就不能运行了。**

【按语】

阵有纵横①，天衡为梁②，地轴为柱③。梁柱以精兵为之，故观其阵，则知其精兵之所在。共战他敌时，

哲理名言

拖住了车轮，车子就不能运行了。

频更其阵，暗中抽换其精兵，或竟代其为梁柱，势成阵塌[4]，遂兼其兵。并此敌以击他敌之首策[5]也。

【注释】▶

①阵有纵横：古代作战要布成阵式，阵式按东、西、南、北方位部署，其中的队列有纵有横。

②天衡为梁：天衡，这里是指布阵时，首尾相对的队列。梁，房屋的大梁。这里是指布阵时，首尾相对的队列具有整个阵式的大梁的作用。

③地轴为柱：地轴，这里是指布阵时，处于阵中心的队列。柱，房屋的柱子。这里是指布阵时，处于阵中心的阵列在整个阵式中具有支柱的作用。

④势成：这里是指对己方有利的形势已经形成。阵塌：这里是指友军的阵式已被我方频更其阵而搞乱了。

⑤并此敌以击他敌之首策：此敌，这里是指原来的友军。他敌，这里是指原来与友军共同对付的敌军。首策，上策。全句意为：这是兼并友军以击败敌军的上策。

【译文】▶

从军事部署角度讲，阵式中列阵都要按东、西、南、北方位部署。阵中有“天衡”，首尾相对，是阵的大梁；“地轴”在阵**中央**【专家解疑：①方位词。中心地方。②特指国家政权或政治团体的最高领导机构（跟“地方”相对）。】，是阵的支柱。梁和柱的位置都是部署主力部队的地方。因此，观察敌阵，就能发现敌军的主力位置。**如果与友军联合作战，应设法多次变动友军的阵容，暗中更换友军的主力，派自己的部队去代替他的梁柱，这样会使友军的阵地无法由友军自己控制，这时，立即吞并友军的部队。**【智慧引路：军事上，运用“偷梁换柱”是取胜的高招。但在现实生活中，如果以“偷梁换柱”

的方法与人交往，损人利己，是不道德的行为，迟早会陷入孤立的境地。】这是吞并这一股力量再去攻击另一股敌人的首要战略。

名家评析

在封建社会里，军阀割据，所谓“友军”，往往只是暂时的联合而已，所以“兼并盟友”是常见的事情。不过，从军事谋略上去理解本计，重点也可以放在对敌军“频更其阵”上，也就是多次佯攻，促使敌人变换阵容，然后伺机攻其弱点。这种调动敌人的谋略，也能收到很好的效果。

计策事例

郑庄公计兼两国之师

周桓王三年（前717），郑庄公假托周天子之命，纠合齐、鲁三国兵马前往攻打宋国。宋殇公大惊失色，急忙召见司马孔父嘉问计。孔父嘉献计：**以重金收买卫国，要卫国联合蔡国，以轻兵袭击郑国本土，威胁郑都荥阳，这样，郑庄公就自然会退兵回援了；**【**名师点拨**：这一计策和“三 十六计”第二计“围魏救赵”如出一辙，但最终结果却大相径庭，说明兵法之道千变万化，将领要随机应变才可能取胜，一味地死搬硬套是不可取的。】而郑兵一退，便群龙无主，齐、鲁二国兵马也不会再留下为郑国卖命了。

宋殇公听从了孔父嘉的计策，并立即要他挑选两百辆兵车，带上黄金、白璧、绸缎，连夜赶往卫国，请求卫国联合蔡国出兵袭击郑国。卫宣公接受了宋国的礼物，果真派右宰丑领兵与孔父嘉会合，经由间道，出其不意，直逼郑都荥阳城下，在郑都城外大肆抢掠，掳去了大量人畜**辎重**【**专家解疑**：行军时由运输部队携带的军械、粮草、被服等物资。】；接着，右宰丑便要趁势攻城。孔父嘉说：“我们袭击荥阳得手，只是乘其不备，应该得利便止；如果继续留下攻城，万一郑庄公回兵救援，将会对我军形成内外夹攻之势，那是很危险的；不如就此借道戴国，胜利回师；我估计当我军离开这里时，郑庄公的兵马也该从宋国撤退了。”于是，按照孔父嘉的布置，宋、卫两国兵马向戴国进发，想从戴国假道。却不料，戴国国君以为宋、卫兵马是来攻打戴国的，便关上城门死守。孔父嘉大怒之下，多次攻城，但总也攻不下来。

却说郑庄公国内送来的告急文书，立即传令班师。当大军回到半路时，又接到国内送来的军报，说是宋、卫军马已撤离荥阳城外，向戴国方向去了。**庄公听到这一情报后，想了一下，便传令颍考叔、高渠弥、公孙阏、公子吕四将，将兵马分为四队，偃旗息鼓，转道向戴国进发。**【智慧引路：生活中，当客观条件发生变化时，我们的计划也要做出相应的调整。正如郑庄公得知战争形势发生变化，便果断改变原定的计划，最终取得胜利。】

戴国国君得知郑兵来救，打开城门将郑军接进城内去。不料，郑军进了城，便就势并了戴国之军，把戴国国君给赶走了。

孔父嘉在城外见庄公不费吹灰之力便占了戴城，一时气愤填胸，决心要与庄公决一死战。当他正在心中筹划之时，忽报：“城中派人来下战书。”孔父嘉当即批复来日决战，并约会卫、蔡两国，将三路军马，齐退后二十里，以防自相冲突；由孔父嘉领军居中，蔡、卫军分列左右，三支军队**相距**【专家解疑：相互间距离。】不过三里。如此部署之后，各军遵令行动。刚把寨营安好，忽听寨后一声炮响，

好词好句

气愤

决一死战

*孔父嘉在城外见庄公不费吹灰之力便占了戴城，一时气愤填胸，决心要与庄公决一死战。

火光接天，都说是郑兵到了，孔父嘉才要出寨迎战，火光却又熄灭了，方要回营，却左边炮声又响，又是火光不绝。刚要看个究竟，却左边火光已灭，右边火光又起。孔父嘉认为这是庄公使的疑兵计，命令全军不许乱动！不一会儿，左边火光又起了，而且喊声震天，探马来报，说是左营蔡军被劫。孔父嘉正想前往营救，忽然右边火光再起，一时闹不清是哪家的人马，孔父嘉只叫继续挥军向左，慌忙间迷失了方向，遇上一队兵马便互相厮杀起来，结果发现竟是卫国的人马。于是两军合在一起，赶回中营，谁知中营却已被郑将高渠弥占了，**且左有公孙阏，右有颍考叔领兵杀到，一直杀到天亮。**【名师点拨：从“一直杀到天亮”不难推测出，这场战斗持续了很长时间，过程十分惨烈。】孔父嘉无心恋战，夺路而走，遇上高渠弥，又杀了一阵，孔父嘉弃车徒步，跟随的只有二十余人，右宰丑阵亡，余下的三国兵马辎重，全被郑军俘获。就这样，郑庄公用“偷梁换柱”计既得了戴城，又兼了宋、卫、蔡三国之师。

第二十六计　指桑骂槐

【出处】

本计计名出自一句民间谚语，比喻一种间接对别人进行批评、指责的方法。明朝兰陵笑笑生《金瓶梅词话》：“他每日那边指桑树骂槐树，百般称快。”另外《红楼梦》第十六回描写王熙凤向贾琏发牢骚时说：“你是知道的，咱们家所有的这些管家奶奶，哪一个是好缠的？错一点儿，他们就笑话打趣，偏一点儿，他们就指桑骂槐……”指桑骂槐本意是指间接地训诫部下，以使其敬服的谋略。

★ 人物介绍

贾琏，《红楼梦》中的人物，贾赦之子，王熙凤之夫，为人不务正业，好色纵欲，是个典型的纨绔子弟。

此计还引申为运用各种政治和外交谋略，“指桑”而“骂槐”，向对手施加舆论压力以配合军事行动。对于弱小的对手，可以用警告和利诱的方法，不战而胜；对于比较强大的对手，则可以旁敲侧击【专家解疑：比喻说话或写文章不从正面直接说明，而从侧面曲折表达。】地威慑他。

【原文】

大凌小者，警以诱之①。刚中而应，行险而顺②。

【注释】

①警以诱之：警，警戒。这里是指使用警戒的方法。诱，诱导。全句意为：用警戒的方法进行诱导。

②刚中而应，行险而顺：语出《易·师·象》：“师，众也；贞，正也。能从众正，可以王矣。刚中而应，行险而顺。以此毒天下而民从之，专又何咎关。”这段话的意思是说：师——军队是由为数众多的人组成的。人数众多，必是良莠不齐，必须以正道使之统一，方可称王于天下。师卦为坎下坤上，九二为阳、为刚，处于下坎之中位，又与上坤的六五相应，象征着主帅得人并受到信任，这叫作“刚中而应”。但坎卦又为水、为险，坤卦则为地、为顺，象征着为帅者需用险毒之举，方可使士兵顺从，这叫作“行险而顺”。以险毒之举使全军将士归之于正，乐于顺从，其结果必将是有利的而不会有过错。

【译文】

强大的慑服弱小的，要用警戒的方法来诱导他。《易·师》卦说：**适当的强硬，可以得到拥护；施用险诈，可以得到顺从。**【名师点拨：带兵之道，讲究刚柔并济：若对士兵过于严厉、苛刻，可能激起兵变；但若

对他们太过柔和，又无法树立将领的威信。优秀的将领可以巧妙地掌握其中的分寸。】

【按语】

率数未服者以对敌，若策之不行①，而利诱之，又反启其疑。于是故为自误，责他人之失，以暗警之。警之者，反诱②之也，此盖以刚险驱之③也。或曰：此遣将之法也。

【注释】

①若策之不行：若，如果，假如。策，鞭策，可引申为管治。全句意为：如果管治不住他们。

②反诱：从反面进行诱导。

③以刚险驱之：刚险，刚猛险毒。驱，驱使，驱赶。全句意为：用刚猛险毒的手段去驱使他们。

【译文】

率领没有对自己心服的部队去对抗敌人，如果鞭策他们前进却行不通，又用利益来引诱，反而引起他们的疑心。**于是故意挑起事端，责怪他人的过失，暗中警告其他不服从命令的人。警告，是从反面诱导。**【名师点拨：用一个成语来概括这种方法，就是“杀鸡吓猴”，也说“杀鸡给猴看”，比喻惩罚一个人来吓唬或警诫另外的人。】这是用强硬的手段来指挥部下。有人说：这是调兵遣将的方法。

千古名句

警之者，反诱之也，此盖以刚险驱之也。

名家评析

对待部下将士，必须恩威并重，刚柔相济。军纪不严，乌合之众，哪能取胜？如果只是一味地严厉，甚至近于残酷，也难做到让将士们心服。所以关心将士，**体贴**【专家解疑：细心忖度别人的心情和处境。】将士，使将士们心中感激敬佩，这才算得上是称职的指挥官。《孙子兵法》中对此早有名训："约束不明，申令不熟，将之罪也。"这就是强调治军要严。"视卒如爱子，故可与之俱死。"这就是强调要关心将士，使他们愿意与将帅一同战死。

计策事例

穰苴斩庄贾

周景王十四年（前531），晋、燕两国从西南和北方进犯齐国，齐军连连败北，齐国上下震动。

齐景公听从宰相晏婴的建议，任命司马穰苴为大将，宠臣庄贾任监军，带兵迎敌。【智慧引路：子曰："三人行，必有我师焉。"一个人要想在事业上取得成就，就要像齐景公一样，善于听取他人正确的意见。】

穰苴与庄贾约定，次日中午在军营会合。

第二天，齐国军队齐集军营，穰苴一面整顿队伍，一面立起标杆漏壶计算时间，等待庄贾到来。

可是庄贾自恃是景王宠臣，骄横自大，并不把平民出身的穰苴放在眼里，竟然赴为他饯行的宴会去了。中午一到，穰苴便撤去漏表，检阅部队，部署任务，申明军纪，然后进行操练。

直到天色日暮，醉醺醺的庄贾才姗姗来到军营。按照军法，在军情紧急时，误期迟到的应当斩首。

穰苴当即依照军法将庄贾斩首示众。景公闻讯，急派使者前来命令赦免庄贾。

穰苴以“将在军，君命有所不受”驳回，并且以使者驾车在军营中横冲直撞违犯军纪为由，斩杀使者仆从，砍断使者车厢的木柱，杀死车左的挽马，以示军法严峻，不容违犯。【名师点拨：执行军法贵在一视同仁、官兵平等，司马穰苴若放过庄贾，又怎能号令三军呢？因此，他的做法是完全正确的。】

这一举动，极大地震动了全军，给将士们以深刻教育。自此，齐军军纪得到整肃，做到了令行禁止。穰苴率领这支军纪严明的部队出动之后，很快收复了失地，获得了胜利。

第二十七计　假痴不癫

【出处】▶

本计计名是从民间俗语“装疯卖傻”“装聋作哑”等转化而来。在日常生活中，人们为了回避某种矛盾，或者为了渡过某种危难，或者为了对付某个势力强大的对手，在一定时期内，故意装作愚蠢、呆痴，行“**韬晦**【专家解疑：收敛锋芒，隐藏行迹；韬光养晦。】”之计，以求保存自己的实力，然后等待时机，战胜对手。人们把它运用于军事上，主要有两种用法：一是用于举行兵变，主要是作为一种苦难，麻痹对手，以便自己积蓄力量，等待时机，发起攻击的计谋；二是作为一种愚兵之计。

【原文】▶

宁伪作不知不为，不伪作假知妄为。静不露机①，云雷屯②也。

【注释】

①静不露机：静，平静，沉静。机，这里指的是心机。

②云雷屯：语出《易·屯·象》："云雷，屯，君子以经纶。"草茅穿土初出叫作"屯"。屯卦为震下坎上，坎为雨，为云，震为雷，云在雷上，说明茅草初出时，即遇雷雨交加。屯卦又是九五陷于二阴之中，并为上六所覆蔽，有阴阳相争不宁之象，更意味着事物生长十分艰难。所以说"屯，难也"。面临这样的艰难局面，人们必须冷静处置，认真调理，周密策划。要"经纶运于一心"而不动声色，要"盘桓安处于下"而以屈求"伸"，要因势利导，恃机而动，而决不可"快意决往，遽求自定以为功"。

【译文】

宁愿假装什么都不知道不采取行动，也不要假装什么都知道而轻举妄动。【名师点拨：这里的"不采取行动"不是指"坐以待毙"，而是像高明的猎手一样等待最佳的时机，不出手则已，一出手就要以雷霆万钧的手段砍断"猎物"的脖子。】就像是云压住了雷一样，静待时机，不露机巧。

【按语】

假作不知而实知，假作不为而实不可为，或将有所为。司马懿之假病昏以诛曹爽，受巾帼、假请命以老蜀兵[①]，所以成功；姜维九伐中原，明知不可为而妄为之，则似痴矣，所以破灭。兵书曰："故善战者之胜也，无智名，无勇功。"当其机[②]未发时，静屯似痴[③]；若

千古名句

故善战者之胜也，无智名，无勇功。

假癫，则不但露机，且乱动而群疑。故假痴者胜，假癫者败。或曰：“假痴可以对敌，并可以用兵。”宋朝，南俗尚鬼④。狄青征侬智高时，大兵始出桂林之南，因佯祝曰：“胜负无以为据。”乃取百钱自持，与神约“果大捷，则投此钱尽钱面也”。左右谏止：“倘不如意，恐沮师⑤。”青不听。万众方耸视⑥，已而挥手一掷，百钱皆面。于是举兵欢呼，声震林野，青亦大喜；顾左右，取百钉来，即随钱疏密，布地而贴钉之，加以青纱笼护，手自封焉。曰：“俟凯旋，当酬神取钱。”其后平邕州还师，如言取钱，幕府⑦士大夫共视视，乃两面钱也。（《战略考·宋》）

【注释】▶

①受巾帼、假请命以老蜀兵：巾帼，我国古代妇女的头巾与发饰，借指妇女。假请命，假装上表请命。老，疲劳，这里做使动词，意为使疲劳。全句意为：司马懿接受诸葛亮送来的妇女服饰，而不因受到侮辱而被激怒，依然假装上表请命而拒不出战，以此来疲劳蜀军。

②机：这里指的是机谋。

③静屯似痴：像屯卦所要求的那样，沉静得近乎痴呆。

④南俗：南方的风俗。尚鬼：崇拜鬼神。

⑤沮师：使军队士气沮丧。

⑥耸视：耸立而视。

⑦幕府：这里是指带兵的将领。

【译文】▶

假装不知，其实心里非常明白；假装不行动，其实是客观形势不允许现在有所行动，或是要耐心地等待时机成熟时再行动。这就是当年司马懿用假装患病、神志不清的计谋诛杀曹爽之所以能够成功的原因，**也是司马懿当年接受诸葛亮“赠送”妇人服饰，却并不因受到侮辱被激怒，借口要上表请命而拒不出战，以疲劳蜀军，之所以能够成功的原因。**【名师点拨：典出《三国演义》：诸葛亮与司马懿在五丈原对峙，魏军坚守不出，诸葛亮便送“妇人服饰”给司马懿，来羞辱他像女人一样，以激魏军出战。】姜维九次征伐中原，是明知不可为却偏要执意妄为，那就是真的痴了，所以必然要遭到失败。《孙子兵法》说：“善于用兵的人，打了胜仗，却没有智慧的名声，也没有骁勇的功劳。”当他们的计谋还没有实行时，他们会像屯卦所说的那样，保持异常的沉静，丝毫不露声色。如果是假装疯疯癫癫却是不行的，那不仅会泄露心机，还会因乱动而引起人的疑惑。所以说，只能装痴而不能装癫。装痴可以反胜，装癫则会失败。有的人还说：装痴既可以用以对敌，也可以用来治军。宋朝，南方的风俗崇尚鬼神。**狄青**率军征讨侬智高，大军起初行至桂林以南时，狄青便假装祷祝天神说：“这次出征是胜是负还不知道啊！”说罢便取出一百个钱用手拿着，与天神相约：如果此次出征能取得胜利，就让掷出的钱落地之后都正面朝天！左右的人劝狄青说：“这样做不行啊，倘若掷出的钱正面不朝天，将意味着出师不利，恐怕损伤部队的士气呀！”狄青根本不听劝说。于是士兵们一个个耸立观看。狄青挥手一掷，一百个钱纷纷落地而且正面都朝天。人们齐声欢呼，声音响彻林野，狄青自己也非常高兴，随即又招呼左右的人取一百个钉子来，按照钱落在地上的稀密，把钱都钉在地下，再用青纱笼罩，狄青亲自把纱罩封好，说道：“等到**凯旋**【专家解疑：战胜归来。】时，一定

★ 人物介绍

狄青（1008—1057），字汉臣，汾州西河（今山西汾阳）人，北宋著名将领。出身贫寒，在对西夏战争中屡立战功。为范仲淹等所擢用，由士兵累升为大将。

要酬谢天神后再把钱取回。”后来，狄青领军平定了邕州，班师回来按照原先讲的那样去取钱，将军和士兵们都围在一旁共同祷祝观看，却见到所取的钱原来两面都同样是正面啊！

名家评析

假痴不癫，重点在一个“假”字。这里的“假”，意思是伪装。装聋作哑，痴痴呆呆，而内心里却特别清醒。此计作为政治谋略和军事谋略，都算高招。

用于政治谋略，就是韬晦之术，在形势不利于自己的时候，表面上装疯卖傻，给人以**碌碌**【专家解疑：①形容平庸，没有特殊能力。②形容事物繁杂、辛辛苦苦的样子。】无为的印象，隐藏自己的才能，掩盖内心的政治抱负，以免引起政敌的警觉，专等时机成熟，实现自己的抱负。

此计用在军事上指的是，虽然自己具有相当强大的实力，但故意不露锋芒，显得软弱可欺，用以麻痹敌人，骄纵敌人，然后伺机给敌人以措手不及的打击。

计策事例

假痴不癫，诈病赚曹爽

魏景初三年(239)，魏主曹睿去世，太子曹芳即位。遵照曹睿遗诏，由大将军曹爽与征西大都督司马懿共同辅政。**曹爽向魏王曹芳奏道：“司马公功高德重，应擢升为太傅才是！”**【名师点拨：“太傅”虽然名位很高，但没有实权。所以，曹爽表面奏请给司马懿“升官”，实则是借机夺取司马懿手中的权力。】曹芳年少无主意，又是刚刚即位，听曹爽这么一说，便同意了。于是，全国兵权从此尽归曹爽一人掌握，一时间，曹爽的权势骤增，门庭若市。只有司马懿推说有病，闭门不出，他的两个儿子也离职在家休闲。

曹爽不放心，为探明司马懿的底细，便乘自己心腹李胜调任荆州刺史之机，要李胜前往司马懿家探听消息。李胜受命来到太傅府，早有门吏通报。司马懿听到通报后对两个儿子说道："这是曹爽派人探听虚实来了。"说罢便对他们如此这般地交代一番，然后再请李胜前来晋见。

李胜来到司马懿房中，只见司马懿**披头散发**【专家解疑：形容头发长而散乱。】，拥被而坐，旁边有两名侍女撑扶着，活生生一副病相，于是向前一揖，轻声说道："一向不见太傅，想不到如此病重，我奉魏主之命，调任荆州刺史，今日特来向您拜辞的哩！"**司马懿假装听不真切，回答道："并州靠近北方，你需要好好加强边防啊！"李胜见司马懿讲错了地方，便纠正道："我是被派往荆州，不是并州啊！"司马懿还是假装听不清，又说道："什么，你是从并州来吗？"**【名师点拨：装痴也需要技巧。"荆"和"并"的音原本相近，因而司马懿装作将"荆州"听成"并州"显得十分自然，不由得李胜不信。】李胜要来纸笔写给司马懿看，司马懿看了之后对李胜说："我已病得眼花耳聋，实在是不中用了，你此去好好保重吧！"说着用手指口，示意侍女进饮汤药，司马懿喝着汤药，流得满身都是，又故意装作哽咽之声，有气无力地说道："我已衰老病重，死在旦夕，我的两个儿子不肖，还望你日后多加关照。若见到大将军，也请代为致意，多多为我美言啊！"说完就倒在床上，气喘不止。

李胜离开太傅府，匆匆回到曹爽那里，把自己所见到的一切，**绘声绘色**【专家解疑：形容叙述、描写生动逼真。也说绘影绘声、绘声绘影。】地向曹爽禀报了一番。曹爽听了大喜过望，说道："这个老家伙一死，我便一切无忧了！"

且说这边司马懿见李胜已去，随即便起身对两个儿子说："李胜此去报告消息，曹爽必定会打消对我的顾虑，现在只等他出城游猎，我们即可动手！"

不几天，曹爽果然请魏主曹芳去拜谒高平陵，祭祀先帝。大小官员都随驾出城，曹爽还带着三个弟弟及何晏等一班人领着御林军护驾。**这时，大司农桓范向曹爽进谏说："你总领禁军，不宜兄弟都外出，以防万一！"曹爽根本不予理睬，一切照自己的安排行事。**

【智慧引路：曹爽骄傲自大、目空一切，听不进他人的意见，岂能不败？我们做人要谦虚谨慎，戒骄戒躁，善于接纳他人正确的意见和建议。】

当天，司马懿见曹爽倾巢出城，心中大喜，立即与两个儿子率领一班人马，直捣宫禁，先占据了曹爽大营，继而又占据了曹曦的军营，随后便逼着郭太后与魏主曹芳将曹爽先幽禁问罪，接着便全家诛杀。从此，司马懿便大权独揽，为建立司马氏的天下打下了基础。

第二十八计　上屋抽梯

【出处】

本计计名出自一个典故。说是东汉末年，荆州刺史**刘表**的儿子刘琦因不容于继母，恐遭陷害，向诸葛亮求救。诸葛亮不愿干涉刘表家事，多次拒绝。于是，刘琦故意引诱诸葛亮登上一间小楼，然后命人抽走楼梯，双膝跪下，请诸葛亮指点出路，拯救性命之危。诸葛亮上下不能，又见刘琦苦苦哀求，便给他出了一条妙计。刘琦按照诸葛亮的计谋行事，果然灵验。后人便把这件事叫作"上屋抽梯"。此计用在军事上，是指利用小利引诱敌人，然后截断敌人援兵，以便将敌围歼的谋略。**另外，《孙子兵法》中最早出现"去梯"之说。**

【名师点拨：《孙子·九地篇》："帅兴 之期，如登高而去其梯。"意

★人物介绍

刘表，字景升，山阳郡高平（今山东微山）人。汉鲁恭王刘余之后，东汉末年名士，汉末群雄之一。

思是：把自己的队伍置于有进无退之地，破釜沉舟，迫使士兵同敌人决一死战。】

【原文】

假之以便，唆之使前，断其援应，陷之死地[1]。遇毒，位不当也[2]。

【注释】

①死地：中国古代兵法用语，指一种进则无路，退亦不能，非经死战难以生存之地。

②遇毒，位不当也：语出《易·噬嗑·象》。噬嗑卦为震下离上。震为雷，离为火、为电。雷电交加，有威猛险恶之象。又，噬嗑卦为以柔居刚，故不当位，更显形势严峻。噬嗑的本意为食乾肉，“乾肉虽小而坚，不易噬者也。强欲食之，则不听命而必相害”（王船山语）。把它运用于军事上就是，因贪图小利而盲目进军是有很大的危险的，如果硬要强行进军，必将陷于危险的死地。

【译文】

故意（露出破绽以）使敌人觉得方便（进攻我方），引诱它深入我方，然后截断它的后援和接应，使其陷入绝境。敌人抢腊【专家解疑：①古代在农历十二月里合祭众神叫作腊，因此农历十二月叫腊月。②冬天（多在腊月）腌制后风干或熏干的（鱼、肉、鸡、鸭等）。③姓。】肉而中毒，便会失去原有的地盘。

【按语】

唆者，利使之也。利使之而不先为之便，或犹且不行。故抽梯之局[1]，须先置梯，或示之以梯。如：慕

容垂、姚苌诸人怂秦苻坚侵晋，以乘机自起。（《晋书·苻坚传》）

【注释】

①局：骗人的圈套。

【译文】

所谓“唆”，就是用利益去引诱敌人。如果只用利益去引诱，而不为对手提供方便，也许敌人不肯轻易上钩。所以，要采取“上屋抽梯”的计策，就是要事先给敌人安放一架梯子，或者显示有上屋的梯子可用。比如：**慕容垂**、姚苌等人怂恿苻坚入侵东晋，以便乘机自己起兵，扩展势力。

名家评析

这种诱敌之计，自有其高明之处。敌人一般不是那么容易上当的，所以，应该先给它安放好“梯子”，也就是故意给以方便。等敌人“上楼”，也就是进入已布好的“口袋”之后即可拆掉“梯子”，围歼敌人。安放梯子有很大学问，对性贪之敌，则以利诱之；对情骄之敌，则以示我方之弱以惑之；对莽撞无谋之敌，则设下埋伏以使其中计。总之，要根据情况巧妙地安放梯子，致敌中计。

★人物介绍

慕容垂（326—396），字道明，一字叔仁，昌黎棘城人（鲜卑人），晋朝杰出的军事家、政治家，后燕建立者，被誉为一代“战神”。

计策事例

刘琦登楼求妙计

后汉末年，刘表**偏爱**【专家解疑：在几个人或几件事物中特别喜爱其中的一个或一件。】少子刘琮，不喜欢长子刘琦。刘琦的后母害怕刘琦得势，影响到儿子刘琮的地位，非常嫉恨他。刘琦感到自己处在十分危险的环境中，多次请教诸葛亮，但诸葛亮一直不肯为他出主意。**有一天，刘琦约诸葛亮到一座高楼上饮酒，等二人正坐下饮酒之时，刘琦暗中派人拆走了楼梯。刘琦说："今日上不至天，下不至地，出君之口，入琦之耳，可以赐教矣！"**【名师点拨：刘琦引诱诸葛亮"上屋"，是为了求他指点；"抽梯"，是断其后路，也就是打消诸葛亮的顾虑。】诸葛亮见刘琦苦苦哀求，几欲自刎，心中不忍，便给刘琦讲了这样一个故事：

春秋时期，晋献公的妃子骊姬想谋害晋献公的两个儿子：申生和重耳。重耳知道骊姬居心险恶，只得逃亡国外。申生为人厚道，尽孝心，侍奉父王。一日，申生派人给父王送去一些好吃的东西，骊姬乘机用有毒的食品将太子送来的食品更换了。晋献公哪里知道，准备去吃，骊姬故意说道，这膳食从外面送来，最好让人先尝尝看。于是命左右侍从尝一尝，刚刚尝了一点儿，侍从就倒地而死。晋献公大怒，大骂申生不孝，阴谋弑父夺位，决定要杀申生。申生闻讯，也不作申辩，自刎身亡。

诸葛亮对刘琦说："申生在内而亡，**重耳在外而安**【名师点拨：重耳谦而好学，善交贤能智士。离开晋国后，他游历诸侯，漂泊十九年后复国，即晋文公。即位后，他任贤用能，励精图治，成为春秋时期第二位霸主。】。"刘琦马上领会了诸葛亮的意图，立即上表请求派往江夏（今湖北武昌西），避开了后母，终于免遭陷害。

第二十九计　树上开花

【出处】

本计计名来自古时一些战例。**所谓"树上开花"，在军事上一般是指，在敌强我弱，遭到敌军攻击压力的形势下，我军采取某些方法制造种种假象来壮大自己的声势，以迷惑敌军，或将其引走，或将其击退，或将其歼灭。**【名师点拨：三国时期，张飞在当阳桥用三十余名骑兵故布疑阵，吓退曹操追击刘备的数万大军，就是用的这种计谋。】后人把这些计谋的共同特点加以概括，就叫作"树上开花"，意思是说：树上本来没有花，却可以人为地制造一些彩花粘在树上，让人一眼看去，难辨真假，还以为真是满树银花哩！

【原文】

借局布势①，力小势大。鸿渐于陆，其羽可用为仪②也。

【注释】

①借局布势：局，局诈。势，阵势。全句意为：借助某种局诈的方法，布成一定的阵势。

②鸿渐于陆，其羽可用为仪：此语出自《易·渐》上九爻辞："鸿渐于陆，其羽可用为仪，吉。"渐卦为艮下巽上。艮为山，巽为风、为木。该卦象辞说："山上有木，渐，君子以居贤德善俗。"意思是说：树木在山上渐渐地生长，象征着君子应该注重逐日修养自己良好的德行，并影响周围的人，形成一种善美的风俗。而此卦上九爻辞所

千古名句

借局布势，力小势大。鸿渐于陆，其羽可用为仪也。

说的“鸿渐于陆，其羽可用为仪”，这里的鸿是指的大雁，渐是指的渐进，陆与“道”通，这里是指天际的云路，羽是指鸿雁美丽的羽毛，仪是指的效法。全句意为：大雁在高空的云路上渐渐飞行，它那美丽丰满的羽毛，使它更显得雄姿焕发，这是值得人们效法的。把它用于军事上，就是用“树上开花”计使本来实力弱小的军队显得声势浩大，这正是从渐卦上九爻辞所获得的启发。

【译文】▶

借别人的局面布成阵势，兵力弱小的看来阵容也显得强大。《易经·渐》卦说：**鸿雁飞向大陆，全凭它的羽毛丰满助长气势。**

【按语】▶

此树本无花，而树则可以有花，剪彩贴之，不细察者不易觉。使花与树交相辉映，而成玲珑[1]全局也。此盖布精兵于友军之阵，完其势以威敌也。

【注释】▶

①玲珑：灵巧的，巧妙的。

【译文】▶

这棵树本来没有花，但我们可以给树添加上花。**裁剪**【专家解疑：缝制衣服时把衣料按一定的尺寸裁开。】彩花贴在上面，不仔细察看，不容易发现。花与树交相辉映，形成巧妙的局面。**这大概就是把自己的精兵安置在友军的阵营中，造成强大的阵势以威吓敌人。**【名师点拨：这一句将此计解释为：把自己的军队布置在盟军

哲理名言

鸿雁飞向大陆，全凭它的羽毛丰满助长气势。

阵地上，以造成强大声势慑服敌人。但是，古今战争史上，还没有发现这方面的出色例子。】

名家评析

用假花冒充真花，取得乱真的效果，因为战场上情况复杂，瞬息万变，指挥官很容易被假象所惑。所以，善于布置假象，巧布迷魂阵，虚张声势，可以慑服甚至击败敌人。

此计用在军事上指的是：自己的力量比较小，却可以借友军势力或借某种因素制造假象，使自己的阵营显得强大，也就是说，在战争中要善于借助各种因素来为自己壮大声势。

计策事例

田单大摆火牛阵

周郝王三十一年（前284），燕昭王重用**乐毅**，命他领兵进攻齐国，六个月内，连攻下七十城，最后只剩下莒州、即墨两城尚未攻下。

当时乐毅认为，齐国只剩下两城，再也起不了什么大风波了，因此他想采取和平方式，以恩结之，让他们自己投降，免得再动刀兵。就这样，把即墨城围了三年之久。

却说即墨城中，守将已死，军中无主，大家都说田单有领兵才能，便拥立他为将军。田单率领全城军民日夜防守，不稍松懈。却不料，这时燕国内部出现了上层权力斗争。

燕昭王死后，太子资即位，为燕惠王，这时，田单特派人去燕

★ 人物介绍

乐毅，子姓，乐氏，名毅，字永霸。中山灵寿（今河北灵寿西北）人，魏将乐羊后裔，战国后期杰出的军事家。

国散布流言，说是乐毅之所以迟迟不攻即墨、莒州两城，是因为要等待时机，自立为王，现在昭王已死，惠王即位，乐毅就会称王齐国了。

燕惠王本来就对乐毅心存疑虑，现在听到这样的流言，更是信以为真，于是，一道诏命把乐毅召回都城，而由与自己交谊深厚的大夫骑劫取代乐毅为将。乐毅是个聪明绝顶的人，知道再留在燕国，必受惠王、骑劫之害，便悄悄地离开燕国到赵国去了。

且说这边骑劫取代乐毅为将，他上任伊始，便一改乐毅章程，引起燕军将士的普遍不满。他才到军营三天，便下令攻打即墨城，即墨城内军民在田单率领下，防守坚固，骑劫屡攻不下。

同时，田单还派几个心腹到城外去议论说：还是从前的乐毅好，抓了俘虏都好好优待，所以城里的人都不怕燕军。要是燕国军队把捉去的俘虏都割去鼻子，齐国人还能不怕吗？【名师点拨：田单此举，是想用燕军的残暴激发齐人的愤怒，从而使齐人同仇敌忾，众志成城，为决战积蓄力量。】又说，齐国人的祖坟埋在城外，如果燕国军队把祖坟都刨了，那可怎么办呀！如此等等。这样的议论一传十，十传百，慢慢地传到骑劫耳里。

愚蠢的骑劫竟真的把抓来的俘虏都割去鼻子，把城外的坟墓也都给刨了。即墨城的人见到燕国如此残暴，一个个恨得咬牙切齿，一心要报仇雪恨，纷纷向田单请战。这时田单便又想出一计：挑选五千名先锋队、一千头牛进行训练，准备摆一次火牛阵。

同时又搜集一批黄金，派几个人打扮成即墨城的富翁给骑劫送去，对骑劫说："城里的粮食已经吃光了，不出三天就得投降，请求燕军进城时能保全我们家小的性命。"**骑劫听了欢天喜地，满口答应，真以为可以等着田单前来投降，用不着再打仗了，于是大小头目放松了戒备。**【名师点拨：乐毅领军围困三年，齐人都没有投降。骑劫上任不久，且没有显著战绩，齐人又怎么会向他投降呢？骑劫不辨真假，失败是理所当然的事情。】

且说那些被派出的“富翁”回来向田单报告情况，田单认为时机已到，决定使用他的火牛阵出战。他把一千头牛都披上画有稀奇古怪彩色花纹的布，每头牛的犄角上都系着两把尖刀，牛尾上系着一捆浸透了油的麻和芦苇。又将五千名冲锋队的脸上也画上各式各样彩色的花纹，一个个拿着大刀、阔斧跟在牛背后。

到了半夜，拆去几处城墙，把牛赶到城外，把牛尾点起火来，一千头牛被烧疼了，没命地往燕营冲去，后面五千名敢死队也紧跟着杀进去。这时，城里的老百姓纷纷拿着脸盆、铜壶狠命地敲着，呐喊助战。燕国军队从梦中惊醒，**猝不及防**【专家解疑：事情突然发生，来不及防备。】，只见到成千上万的怪物尾巴烧着火，头上长着刀，后面又跟着一群“妖怪”。

有些胆小的，吓得腿都软了，只说是老天爷派来的鬼怪，一个个只顾逃命，哪里还敢抵抗呢？不提一千头牛头上捆的刀扎伤了多少人，五千名冲锋队用刀砍死了多少人，就是燕军自己忙乱中互相践踏，也死伤不少。这时，骑劫坐着车，打算杀出一条血路，可巧正碰上田单，只几个回合便被杀死了。从此之后，田单乘胜反攻，收回了失去的七十座城池。

第三十计　反客为主

【出处】▶

本计计名出自何典尚说法不一，从现有资料看，大体有三种可资参考：其一是，据**《李卫公问对》**【名师点拨：《李卫公问对》又称《唐太宗李卫公问对》《李靖问对》，是唐太宗李世民与李靖讨论军事问题的言论辑录。】载：“臣较量主客之势，则有变客为主，变主为客之术。”其二是，杜牧注《孙子兵法》载：“我为主，敌为客，则绝其粮道，守其归路。若我为客，敌为主，则攻其君主。”其三是，《三国演义》第七十一回写的法正对黄忠讲的一段话：“**夏侯渊为人轻躁，恃勇少谋。可激励士卒，拔寨前进，步步为营，诱渊来战而擒之。此乃‘反客为主’之法。**”

从上述资料以及前人对本计的按语来看，所谓“反客为主”，从军事上说，主要包含两方面意义：一是对同盟者（包括将要从敌军中争取的同盟者）来说，本来是同盟者为“主”，我为“客”，经过运用计谋，使我得以插足其中，并在同盟者中逐渐掌握了领导权、支配权，这便是“反客为主”了；二是对敌军而言，我方实力小，处于被动，是为“客”，经过运用计谋进行斗争，我方逐渐由被动变为主动，这也是“反客为主”了。

【原文】

乘隙插足，扼其主机①，渐之进也②。

【注释】

①主机：主要的关键之处，即首脑机关。

②渐之进也：语出《易·渐·彖》：“渐之进也，女归吉也。进得位，往有功也。”按《易经增注·下经·渐》的解释：“天下事动而躁则邪，静而顺则正。渐则进而得乎贵位，故行有功。”意思是说：天下的事情，凡是行动盲目而急躁，就会走入邪途；凡是冷静而顺乎客观规律，就会登上正道。

好词好句

步步为营

*夏侯渊为人轻躁，恃勇少谋。可激励士卒，拔寨前进，步步为营，诱渊来战而擒之。此乃“反客为主”之法。

【译文】

敌方细小的疏漏我们也要乘机插足进去，进而控制它的最关键的地方，渐渐地向前走，循序渐进【专家解疑：（学习、工作）按照一定的步骤逐渐深入或提高。】。

【按语】

为人驱使者为奴，为人尊处[1]者为客，不能立足者为暂客，能立足者为久客，客久而不能主事者为贱客，能主事则可渐握机要，而为主矣。故反客为主之局[2]：第一步须争客位，第二步须乘隙，第三步须插足，第四足须握机，第五乃成为主。为主，则并人之军矣，此渐进之阴谋也。如李渊书尊李密，密卒以败；汉高祖视势未敌项羽之先，卑事项羽，使其见信，而渐以侵其势[3]，至垓下一役，一举亡之。（《隋书·李密传》《史记·高祖本纪》）

【注释】

①尊处：尊敬地对待。

②反客为主：变客位为主位。局：局诈，诈谋。

③侵：侵蚀。这里可引申为削弱、减弱。势：势力。

【译文】

受别人驱使的人是奴仆，受别人尊敬相待的人是客人。在别人家做客而不能站住脚的是暂时的客人，能够站住脚的是长久的客人。

哲理名言

受别人驱使的人是奴仆，受别人尊敬相待的人是客人。

作为长久的客人却不能主事的是地位低贱的客人，能够主事并且可以逐渐掌握其首脑机关便就成为主人了。**所以，使用“反客为主”的诈谋：第一步必须争到客位；第二步便要乘隙而入；第三步便须插足进去；第四步便须掌握其关键部位或首脑机关；第五步便可成功了。**【智慧引路：我们做任何事情，都必须循序渐进，按照步骤一步步来，不能急功近利，更不能揠苗助长。】做了主人之后，便可以将别人的军队据为己有了。这是一个循序渐进的阴谋。就像当年李渊给**李密**写信，对他大加尊崇，最后李密终于被李渊打败。也像当年汉高祖看到自己的势力还不能与项羽相抗衡时，便主动示弱，使项羽日益骄横，放松警惕，以致垓下一战，刘邦把项羽彻底消灭了。

名家评析

客有多种：暂客、久客、贱客，这些都还只是真正的“客”，可是一到渐渐掌握了主人的**机要**【专家解疑：属性词。机密重要的。】之处的话，就已经反客为主了。按语中将这个过程分为五步：争客位，乘隙，插足，握机，成功。概括地讲，就是变被动为主动，把主动权慢慢地掌握到自己手中来。分成五步，强调循序渐进，而急躁莽撞，泄露机密，只会把事情搞坏。用在军事上，就要把别人的军队拿过来，控制指挥权。按语称此计为“渐进之阴谋”，既是“阴谋”，又必须“渐进”，才能奏效。所以古人说，主客之势常常发生变化，有的变客为主，有的变主为客。关键在于要变被动为主动，争取掌握主动权。

★ 人物介绍

李密，字玄邃，一字法主，京兆长安（今陕西西安）人，隋唐时期的群雄之一。因降唐又叛唐而被唐将盛彦师斩杀于熊耳山。

计策事例

说服赵王，联齐成功

秦国和赵国在长平交战，形势对赵国不利。**于是，赵王把楼昌和虞卿找来商量说：“我国初战失利，都尉战死，我想全力赴敌，与秦军决战，你们觉得怎么样？”楼昌说：“没有好处，不如派重要的使节前去求和。”**【智慧引路：俗话说：“兼听则明，偏信则暗。”我们要像赵王一样，同时听取各方面的意见，才能正确认识事物，做出正确的决定。】虞卿说：“楼昌主张求和的原因，是认为不求和我军必然失败，但控制和谈主动权的在秦国一方。大王您估计一下秦国的意图，是要击败赵国军队呢，还是另有企图呢？”赵王说：“秦国已经**竭尽全力**，**毫无保留**了，必将击败赵军才肯罢休。”虞卿回答：“那么，大王就应该听从我的话，派出使臣拿上贵重的珍宝去联合楚、魏两国，他们想得到大王的贵重的宝物，就一定会接纳我们的使臣。**赵国的使节到了楚、魏两国，秦国知道以后，必定怀疑赵国联合天下诸侯抗秦，而且必定感到担心，只有这样，和谈才能进行。**”

赵王派人求和，秦王和应侯（范雎）把赵使来到秦国这件事大加宣扬，让那些前来祝贺的各诸侯国的使节知道，赵国已经向秦国求和。于是，各诸侯国再也不肯援助赵国，秦国也终究不肯与赵国和谈。赵军在长平大败，赵国的国都被秦军围困，赵王被天下人耻笑。

秦国解除了对邯郸的包围之后，赵王却准备到秦国去晋见秦王，就派赵郝到秦国去订立盟约，赵国愿意割出六个县来讲和。**虞卿说：“大王您看，秦国进攻大王，是因为打得疲惫了才撤回呢，还是秦**

好词好句

竭尽全力

毫无保留

*赵国的使节到了楚、魏两国，秦国知道以后，必定怀疑赵国联合天下诸侯抗秦，而且必定感到担心，只有这样，和谈才能进行。

国本来就有力量进攻，由于怜惜大王而不再进攻呢？”【名师点拨：虞卿没有直接说出结论，而是首先提出问题，一步步引导赵王接受自己的意见。这种劝说别人的方法如同“请君入瓮”，十分巧妙。】赵王回答说：“秦国倾尽全力进攻我，是毫无保留了，一定是因为打得太疲惫了，无法得逞才撤回的。”虞卿说：“既然这样，秦国用它的全部的力量进攻，结果打得疲惫而回，对于秦国想得到而又得不到的东西，大王却拱手送给了秦国，这等于帮助秦国进攻自己啊。明年秦国如果再进攻大王，大王恐怕就无法自救了。”

赵王把虞卿的话告诉了赵郝。赵郝说：“虞卿真的能够弄清秦国的底细吗？果真知道秦国今年不能再进攻了吗？这么一块弹丸之地不给它，让秦国明年再来进攻大王，那时大王岂不是要割让心腹之地给它来求和吗？”赵王说：“我听从你的意见，割让六县给秦国，可是您一定能让秦国明年不再进攻我吗？”赵郝回答说：“这个不是我所能承诺的事情。过去，韩、赵、魏三国与秦国交往，互相亲善【专家解疑：亲近而友好。】。现在，秦国对韩、魏两国亲善而进攻大王，看来大王侍奉秦国的心意一定不如韩国和魏国了。现在我替您解除因背弃与秦国亲善关系而招致的进攻，开关卡，通贸易，与秦国的交好程度同韩、魏两国一样，如果到了明年大王又自己招来秦国的进攻，这一定是大王侍奉秦国的心意又落在了韩、魏两国的后面了。所以说，这不是我所敢承担的责任。”

赵王把赵郝的话告诉了虞卿。虞卿回答：“赵郝说：‘不讲和，秦国再来进攻大王，大王岂不是要割让腹地给它来求和吗？’如果大王讲和，赵郝又认为是不能保证秦国不再进攻。那么现在即使我们奉献出六座城池，又有什么好处呢？**如果秦国明年再来进攻，我们再把它的兵力所不能夺取的土地割让给它来求和，这岂不是自取灭亡的办法吗？**【智慧引路：《史记》中云：“夫以地事秦，譬犹抱薪救火，薪不尽，火不灭。”指的就是这类事情。它告诫我们解决问题或消除灾祸，必须用正确的方法。】所以不与秦国讲和。秦国即使善于进攻，也不能轻易地夺取赵国的六个县；赵国即使不善于防守，也不会轻易地丧失六座城池。秦国疲顿而撤兵，军队必然疲惫不堪，我们如果用这六座城池收取天下诸侯去进攻疲软的秦国，这就是我在天下诸侯那里失去六座城而在秦国那里得到补偿。我国还可得到好处，这与割让土地使自己削弱而使秦国强大相比，哪样更好呢？现在赵郝说：‘秦国与韩国、魏国两国亲善而进攻赵国的原因，一定是大王侍奉秦国的心意不如韩、魏两国。’这是让大王每年拿出六座城来奉献给秦国，这样一来就会白白地把赵国的城邑送光。**明年秦国又要求割地，到了那时，大王如果不给，这就等于抛弃了原来割让土地所换取的成果而挑起秦国的新的进攻；如果给，也就无地可给了。**【名师点拨：秦国如同一只饥饿的老虎，不把六国吃干吃尽是不会罢休的，所以不能一味地讨好它，反抗才是唯一的出路。】俗话说：强大的善于进攻，弱小的不能防守。现在白白地听任秦国摆布，秦国军队毫不费力地得到土地，这是使秦国更加强大而使赵国更加削弱啊！让越来越强大的秦国来割取越来越小的赵国，秦国年年谋取赵国土地的做法就不会停止了。况且大王的土地是有限的，而秦国的要求是无限的，拿有限的土地去应付秦国无限的要求，那怎么还会再有赵国呢？”

赵王还没有形成确定的想法，**楼缓**从秦国回到了赵国，建议给秦国土地，赵王答应了。虞卿听到这件事，入宫拜见赵王说：“这是不诚实的辩解，大王一定不要把六个县给秦国！”楼缓听了，就去拜见赵王。赵王把虞卿的话告诉了楼缓。楼缓说：“不对，虞卿知其一，不知其二。秦、赵两国结了怨仇而赵国遭受了兵祸，天下诸侯都感到高兴，这是为什么？因为诸侯不再害怕秦国和赵国联合进攻他们。如今赵国军队被秦国围困，天下诸侯祝贺秦国的胜利，使节必定都在秦国了。**所以不如赶快割让土地讲和，来使天下诸侯都知道秦、赵已经交好，使他们不敢再欺负赵国，又能抚慰秦国。**【名师点拨：割地非但不能换来和平，反而会使敌国认为自己软弱可欺，从而提出更多更无理的要求。因此，楼缓的话不值得相信。】不然的话，

★ 人物介绍

楼缓，战国时赵国人，赵武灵王之大臣。前后侍奉赵武灵王和秦昭襄王两位著名的君王，活动时间跨度四十多年，多次损害赵国利益。

天下诸侯借着秦国对赵国的怨怒，趁着赵国的疲困，从而瓜分赵国。赵国将要灭亡，还能对秦国怎样呢？所以我说，虞卿知其一，不知其二。希望大王从这些方面考虑，不要再犹豫不决了。”

虞卿听到这番议论后，去拜见赵王说：“危险了，楼缓就是替秦国帮忙的，这是让天下诸侯更加怀疑赵国了，又怎么能使秦国满意呢？他为什么偏偏不说这么做就是向天下诸侯昭示赵国是软弱可欺的呢？再说，我主张不给秦国土地，并不是没有其他办法了。秦国向大王索取六个城邑，而大王则把这六个城邑送给齐国。齐国是秦国**不共戴天**【专家解疑：不跟仇敌在一个天底下活着，形容仇恨极深。】的仇敌，得到了大王的六个城池，就可以与赵国联合进攻秦国。如果您能这么做，齐王就一定会同意。这样，大王在齐国方面失去六个城邑却在秦国那里得到补偿。这样做，赵国和齐国的仇恨可以报了，而且又向天下诸侯显示赵王不是无所作为的。大王把赵国和齐国两国结盟的事传扬出去，我们的军队还用不着到秦国的边境，就会看到秦国把贵重的礼物送到赵国来，反过来向赵国求和了。一旦跟秦王讲和，韩国和魏国两国听到了消息，必定要尽力地讨好大王；既要敬重大王，就必定拿出贵重的宝物争先向大王致意。**这样一来，大王的一个举动可以与韩、魏、齐三国结交关系，从而与秦国调换了处事的位置。**【智慧引路：生活中，我们做事情要选择对自己最有利的方法，最大程度地掌握主动权。】”赵王听后说：“您的办法真是好极了。”

于是，赵王就派虞卿向东去与齐王结交，与齐王商议攻打秦国的问题，虞卿还没返回赵国，秦国向赵国求和的使节就已经到赵国了。楼缓得知这个消息，立即逃跑了。赵王于是把一座城邑封给了虞卿。

阅读思考

1. 司马穰苴是怎样整顿军纪的呢？

2. 刘琦是如何请诸葛亮帮自己出谋划策的呢？

3. 田单是怎样大破燕军的呢？

第六篇

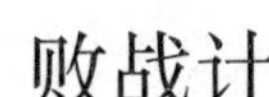

败战计

“败战计”是《三十六计》中第六套计，顾名思义，是处于败军态势下使用的计谋。身为一军统帅，当战局对己方极端不利时，要主动寻求或创造解脱困厄、转危为安、转败为胜的条件，把握有利的时机，适时挽救己方的命运，保存实力，避免牺牲。以第三十一计“美人计”为例，王允是如何利用貂蝉使董卓和吕布反目成仇的呢？

第三十一计　美人计

【出处】

“美人计”语出《六韬·文伐》【名师点拨：《文伐》是古代军事著作《六韬》里记载的一篇文章，记录在“武韬篇”（讲用兵的韬略）。“文伐”指不用军事手段而用政治、外交手段打击敌人。】：“养其乱臣以迷之，进美女淫声以惑之。”意思是，对于用军事行动难以征服的敌方，要使用“糖衣炮弹【专家解疑：比喻腐蚀、拉拢，拖人下水的手段。简称糖弹。】”，先从思想意志上打败敌方的将帅，使其内部丧失战斗力，然后再行攻取。

本计的特点是，用美色或者财物诱惑敌人，尤其是敌方的主将，消磨其斗志，分裂其核心，使敌人丧失战斗力或者使其意志松懈，从而乘机取胜。

【原文】▶

兵强者，攻其将；将智者，伐其情[①]。将弱兵颓，其势自萎。利用御寇，顺相保也[②]。

【注释】▶

①将智者，伐其情：将智者，指足智多谋的将帅。伐其情，即从感情上加以进攻、软化，抓住敌方思想意志的弱点加以攻击。《六韬·文伐》中就主张以乱臣、美女、犬马等手段攻其心，摧毁其意志上的屏障。

②利用御寇，顺相保也：语见《易·渐象》：“……利御寇，顺相保也。”御，抵御。寇，敌人。顺，顺利，顺势。保，保存。全句意为：此计可用来瓦解敌人，顺利保全自己。

【译文】▶

对于兵力强大的敌人，就攻击他的将帅；对于有智慧的将帅，就打击他的意志。将帅斗志沦丧，兵士**颓废**【专家解疑：意志消沉，精神萎靡。】消沉，敌人的气势必然会自行**萎缩**【专家解疑：①干枯；（身体、器官等）功能减退并缩小。②（经济）衰退。】。利用这些方法来控制敌人，可以顺利地保全自己。

【按语】▶

兵强将智，不可以敌，势必事[①]之。事之以土地，以增其势，如六国之事秦，策之最下者也。事之以币帛，

千古名句

兵强者，攻其将；将智者，伐其情。

以增其富，如宋之事辽金，策之下者也。惟事之以美人，以佚②其志，以弱其体，以增其下之怨。如勾践以西施、重宝取悦夫差，乃可转败为胜。

【注释】

①事：侍奉。

②佚：安逸，这里作使动词用，为使安逸，可引申为消磨。

【译文】

势力强大，将帅明智，这样的敌人不能与之正面交锋，在一个时期内，只得暂时向对方屈服。最下策是用献土地的方法，这势必增强敌人的力量，像六国争相以自己的领土取悦秦国，并没有什么好结果。下策是用金钱珠宝、绫罗绸缎去讨好敌人，这必然增加敌人的财富，**像宋朝侍奉辽国、金国那样，也不会有什么成效。**【名师点拨：北宋真宗景德元年（1004）与辽议和，每年向辽纳银十万两、绢二十万匹；南宋高宗绍兴十一年（1141）与金议和，每年向金纳银二十五万两、绢二十五万匹。】独有用美人计才见成效，这样可以消磨敌军将帅的意志，削弱他的能力，并可以增加他的部下的怨恨情绪。春秋时期，越王勾践败于吴王夫差，便用美女西施和贵重珠宝取悦夫差，让他贪图享受，丧失警惕，后来越国终于打败了吴国。

名家评析

现代战争中，甚至政治争斗中，也不乏使用美人计的例子。现代美人计有强烈的现代色彩，多采用间谍的方式，利用金钱贿赂，利用美人诱惑，方式变化多端，不可丧失警惕。

计策事例

司徒王允设计杀董卓

汉献帝九岁登基，朝廷由董卓专权。董卓为人阴险，滥施杀戮，并有谋朝篡位的野心。满朝文武，对董卓又恨又怕。

司徒王允十分担心，朝廷出了这样一个奸贼，不除掉他，朝廷难保。但董卓势力强大，正面攻击，还无人斗得过他。董卓身旁有一义子，名叫吕布，骁勇异常，忠心保护董卓。

王允观察这“父子”二人，**狼狈为奸**【**专家解疑**：传说狈是一种兽，前腿特别短，走路时要趴在狼身上，没有狼，它就不能行动。比喻相互勾结做坏事。】，不可一世，但有一个共同的弱点：皆是好色之徒。何不用“美人计”，让他们互相残杀，以除奸贼？

王允府中有一歌女，名叫貂蝉。这个歌女不但色艺俱佳，而且深明大义。王允向貂蝉提出用“美人计”诛杀董卓的计划。貂蝉为感激王允对自己的恩德，决心牺牲自己，为民除害。

在一次私人宴会上，王允主动提出将自己的“女儿”貂蝉许配给吕布。吕布见这一绝色美人，喜不自禁，十分感激王允。二人决

★ 人物介绍

汉献帝刘协，汉灵帝刘宏次子，汉少帝刘辩异母弟，东汉最后一任皇帝，后被迫禅位于曹丕。

定选择吉日完婚。**第二天，王允又请董卓到家里来，酒席筵间，要貂蝉献舞。董卓一见，馋涎欲滴。**【名师点拨：抛开故事本身不谈，王允随随便便就将貂蝉许配两人，反映出封建时代妇女地位的低下，只能作为男人的附属，完全不能主宰自己的命运。】王允说：“太师如果喜欢，我就把这个歌女奉送给太师。”老贼假意推让一番，高兴地把貂蝉带回府中去了。

吕布知道之后大怒，当面斥责王允。王允编出一番巧言哄骗吕布。他说：“太师要看看自己的儿媳妇，我怎敢违命！**太师说今天是良辰吉日，决定带回府去与将军成亲。**”吕布信以为真，等待董卓给他办喜事，过了几天没有动静，再一打听，原来董卓已把貂蝉据为己有。吕布一时也没了主意。

一日董卓上朝，忽然不见身后的吕布，心生疑虑，马上赶回府中。在后花园凤仪亭内，吕布与貂蝉抱在一起，他顿时大怒，用戟朝吕布刺去。吕布用手一挡，没能击中。吕布怒气冲冲离开太师府。**原来，吕布与貂蝉私自约会，貂蝉按王允之计，挑拨他们的父子关系，大骂董卓夺了吕布所爱。**【名师点拨：从这个故事可以看出，吕布虽然勇猛无敌，却唯利是图，见色忘义，反复无常，因而最终覆灭于乱世。】

王允见时机成熟，邀吕布到密室商议。王允大骂董贼强占了女儿，夺去了将军的妻子，实在可恨。吕布咬牙切齿，说：“不是看我们是父子关系，我真想宰了他。”王允忙说：“将军错了，你姓吕，他姓董，算什么父子？再说，他抢占你的妻子，用戟刺杀你，哪里还有什么父子之情？”吕布说：“感谢司徒的提醒，不杀老贼**誓不为人！**”

好词好句

良辰吉日

誓不为人

*太师说今天是良辰吉日，决定带回府去与将军成亲。

王允见吕布已下决心，他立即假传圣旨，召董卓上朝受禅。董卓**耀武扬威**【专家解疑：炫耀武力，显示威风。】，进宫受禅。不料吕布突然一戟，直穿老贼咽喉。奸贼已除，朝廷内外，人人拍手称快。

第三十二计　空城计

【出处】

民间最有名的“空城计”故事取自《三国演义》，是罗贯中根据三国志裴松之注“郭冲三事”改编的一段故事。后被用于三十六计，意指虚虚实实，是一种虚而示虚的疑兵之计，一种疑中生疑的心理战，多用于己弱而敌强的情况。例如，**在敌众我寡的情况下，缺乏兵备而故意示意人以不设兵备，造成敌方错觉，从而惊退敌军。**【名师点拨：当敌众我寡时，硬拼无异于自取灭亡，所以应该运用巧计，迷惑敌人，给己方创造可乘之机。】也泛指掩饰自己力量空虚、迷惑对方的策略。历史上也确有一些运用此计成功的例子，如张守珪守瓜州等。

【原文】

虚者虚之①，疑中生疑②；刚柔之际③，奇而复奇④。

【注释】

①虚者虚之：第一个“虚”字，空虚，与实相对，指军事力量不敌对方。第二个“虚”字，动词，显示虚弱的样子。全句意为：劣势的军队面临强敌，却还故意显示空虚。

千古名句

虚者虚之，疑中生疑；刚柔之际，奇而复奇。

②疑中生疑：第一个“疑”字，可疑的形势。第二个“疑”字，怀疑。意为：面对可疑的形势更产生了怀疑。

③刚柔之际：这里是指敌我双方实力悬殊的时刻。

④奇而复奇：奇妙之中更加奇妙。

【译文】

空虚的就让它空虚，使人更加难以揣测【专家解疑：推测；猜测。】；在进攻和防御中运用空虚的战术来隐蔽自己的空虚，越发显得用兵出奇。

【按语】

虚虚实实，兵无常势[①]。虚而示虚，诸葛而后，不乏其人。如吐蕃陷瓜州，王君焕死，河西[②]汹惧。以张守珪为瓜州刺史，领余众，方复筑州城。版干裁立[③]，敌又暴至。略无守御之具，城中相顾失色，莫有斗志。守珪曰：“彼众我寡，又疮痍之后，不可以矢石相持，须以权道制之。”乃于城上置酒作乐，以会将士。敌疑城中有备，不敢攻而退。又如齐祖珽为北徐州[④]刺史，至州，会有陈寇[⑤]，百姓多反，珽不关城门。守陴[⑥]者，皆令下城，静坐街巷，禁断行人，鸡犬不乱鸣吠。贼无所见闻，不测所以，或疑人走城空，不设警备。珽复令大叫，鼓噪聒[⑦]天，贼大惊，顿时走散。

千古名句

彼众我寡，又疮痍之后，不可以矢石相持，须以权道制之。

【注释】▶

①兵无常势：用兵没有固定的方式。《孙子·虚实篇》："水因地而制流，兵因敌而制胜。故兵无常势，水无常形。"

②河西：唐朝蕃镇，在甘肃武威，相当于今甘肃省河西走廊。

③版干裁立：版，夹板。干，筑土墙时，两个板子相夹，当中填土，用杵舂坚实。干就是筑墙所用夹板两头所立的木桩。裁，通假字，同"才"。裁立，刚刚安好。

④北徐州：北齐地名，在今安徽凤阳东北的蚌埠、凤阳、定远、嘉山等地。

⑤陈寇：陈，南朝的陈。寇，进攻，入侵。公元573年，南朝陈宣帝派吴明征、裴忌领十万大兵进攻北齐。

⑥陴：城上的矮墙。

⑦聒：声音嘈杂。

【译文】▶

用兵常常是虚虚实实，没有固定的方式。本来处于劣势，更把不加防备的样子显示给敌方。【名师点拨：在战争中，势力弱的一方若故意不加防备，另一方反而会担心其中隐藏着某种阴谋，不敢贸然采取行动。】自从诸葛亮以来，运用这条计谋的人为数不少。如唐玄宗时（727），吐蕃人攻陷了瓜州，守将王君焕战死，河西一带老百姓非常震惊。朝廷派**张守珪**为瓜州刺史。张守珪率领市民修复城墙，刚装好筑墙的夹板木桩，敌人突然来进攻，城中没有防御的器械，市民们大惊失色，面面相觑，毫无斗志。守珪说："敌众我寡，战争

★人物介绍

张守珪（684—740），字元宝，唐朝陕州河北（今山西平陆）人。他足智多谋、胆略过人、英勇善战、治军有方，是唐朝抵御北方入侵的著名戍边将领。

创伤还没有修复，不能用利箭、礌石与敌人对抗，必须用智谋对付敌人。”就在城墙上摆好酒席，与将士们饮酒作乐。吐蕃见了，怀疑城中有伏兵，不敢进攻，便撤退了。又如，北齐祖珽任北徐州刺史，刚到任，就有南陈大军入侵，许多民众惊慌失措。祖珽命令不关城门，叫守城士兵坐在街巷里，街道上禁止行人通行。全城寂然无声，鸡不鸣，狗不叫。**入侵的军队什么也看不见，什么也听不到，不明情况，怀疑是座空城，正当敌人迷惑不解之际，祖珽命士兵大声叫喊，叫声震天，南陈军大吃一惊，纷纷逃散了。**【名师点拨：运用计谋，要灵活多变。正如祖珽，他先用“空城计”迷惑敌军，又用“树上开花”计虚张声势，最终吓退了敌军。】

名家评析

虚虚实实，兵无常势，变化无穷。在敌强我虚之时，要展开心理战一定要充分掌握对方主帅的心理和性格特征，切不可轻易出此险招。况且，此计多数情况下，只能当作缓兵之计，敌人随时可能再次兵临城下。所以还必须有实力与敌方对抗，要救危局【专家解疑：危险的局势。】，还是要凭真正实力。

空城计，这是一种心理战术。在己方无力守城的情况下，故意向敌人暴露我城内空虚，就是所谓“虚者虚之”。敌方产生怀疑，更会犹豫不前，就是所谓“疑中生疑”。敌人怕城内有埋伏，怕陷进埋伏圈内。但这是悬而又悬的“险策”。使用此计的关键，是要清楚地了解并掌握敌方将帅的心理状况和性格特征。

计策事例

李广的空城计

西汉时期，北方匈奴势力逐渐强大，不断兴兵进犯中原。飞将军李广任上郡太守，抵挡匈奴南进。【名师点拨：汉文帝、汉景帝年间，

匈奴经常骚扰边界。为了抵御匈奴，汉朝涌现出了一批抗击匈奴的名将，李广就是其中杰出的一位。】

一天，皇帝派到上郡的宦官带人外出打猎，遇到三个匈奴兵的袭击，宦官受伤逃回。李广大怒，亲自率领一百名骑兵前去追击。一直追了几十里地，终于追上，杀了两名，活捉一名，正准备回营时，忽然发现有数千名匈奴骑兵向这里开来。匈奴队伍也发现了李广，但看见李广只有百名骑兵，以为是为大部队诱敌的前锋，不敢贸然攻击，急忙上山摆开阵势，观察动静。

李广的骑兵非常恐慌。李广沉着地稳住队伍："我们只有百余骑，离我们的大营有几十里远。如果我们逃跑，匈奴肯定会追杀我们。如果我们按兵不动，敌人肯定会疑心我们有大部队行动，他们绝不会轻易进攻的。现在，我们继续前进。"【智慧引路：我们应该像李广一样具备沉着冷静的品质。只有足够冷静的人，才能在危机来临时急中生智、化险为夷，才能在纷乱的事务中取得超乎寻常的成就。】到了离敌阵仅二里地的地方，李广下令："全体下马休息。"李广的士兵卸下马鞍，悠闲地躺在草地上休息，看着战马在一旁津津有味地吃草。

匈奴部将感到十分奇怪，派了一名军官出阵观察形势。李广立即上马，冲杀过去，一箭射死了那个军官，然后又回到原地，继续休息。

匈奴部将见此情形，更加恐慌，料定李广**胸有成竹**【专家解疑：比喻做事之前已经有通盘的考虑。也说成竹在胸。】，附近定有伏兵。天黑以后，李广的人马仍无动静。匈奴部将怕遭到大部队的突袭，慌慌张张地引兵逃跑了。李广的百余骑也安全返回大营。

第三十三计 反间计

【出处】

《孙子兵法》专门有一篇《用间篇》，指出有五种间谍，利用敌方乡里的普通人做间谍，叫因间；收买敌方官吏做间谍，叫内间；收买或利用敌方派来的间谍为我所用，叫反间；故意制造和泄露假情况给敌方间谍，叫死间；派人去敌方侦察，再回来报告情况，叫生间。《孙子兵法·用间篇》说道："反间者，因其敌间用之。"我国另一部兵法《长短经·五间》说道：**"陈平以金纵反间于楚军，间范增，楚王疑之，此用反间者。"**【名师点拨：陈平是刘邦的谋士。楚汉相争时，他运用反间计，成功地使项羽对谋士范增起了猜忌之心，范增无奈，只得离项羽而去。】可见，反间计很早以前就被运用于军事、政治斗争中了。

【原文】

疑中之疑①。比之自内，不自失也②。

【注释】

①疑中之疑：疑，怀疑。全句意为：在疑阵中再布置疑阵。

②比之自内，不自失也：语出《易·比·象》："比之自内，不自失也。"比，亲比，辅助，援助，勾结，利用。此句可以理解为：利用敌人派来的间谍为我服务，可以有效地保全自己，攻破敌人。

【译文】

在疑阵中再布疑阵，巧妙地利用敌人的间谍，使其反过来为我所用，让敌人内部产生矛盾，这样自己就不会遭受损失。【名师点拨：在战争中，除正面交锋外，敌我双方都会运用大量的计策，优秀的将领往往会"将计就计"，即利用对方所用的计策，反过来对付对方。】

【按语】▶

间[1]者，使敌自相疑忌也；反间[2]者，因敌之间而间之也。如燕昭王薨[3]，惠王自为太子时，不快于乐毅。田单乃纵反间曰："乐毅与燕王有隙，畏诛，欲连兵王齐。齐人未附，故且缓攻即墨，以待其事。齐人唯恐他将来，即墨残矣。"惠王闻之，即使骑劫代将，毅遂奔赵。又如周瑜利用曹操间谍，以间其将，亦疑中之疑之局也。

【注释】▶

①间：间谍。

②反间：这里是指反间计，即利用敌人派到我方的间谍为我服务的一种计谋。

③薨：古时天子死亡叫崩，诸侯死亡叫薨。

【译文】▶

间谍，可以使敌人自相怀疑和猜忌；反间，就是利用敌人派来的间谍转而离间敌方。如战国时代燕昭王死后，继位的惠王从当太子时，就不喜欢乐毅。田单于是派间谍到燕国制造谣言说："乐毅与燕王有隔阂【专家解疑：彼此情意沟通的障碍；思想上的距离。】，害怕被惠王所杀，想借攻齐为名，联合齐国，然后自立为齐王。因为齐国还没有归附于他，所以他不急，以便等待时机，使自己的大事成功。齐国人担心的是燕王派别的大将来打，那样，即墨城早已被打下来了。"惠王听到谣言，便派骑劫代替乐毅为大将。乐毅于是逃往赵国。**三国时周瑜利用曹操派来的间谍，去离间曹操的大将，**

千古名句

间者，使敌自相疑忌也；反间者，因敌之间而间之也。

也是在疑中再安排疑阵的谋略。【名师点拨：《三国演义》中，曹操的幕僚蒋干企图劝说周瑜投降，不想却中了周瑜的反间计，使曹操错杀水军都督蔡瑁、张允。】

名家评析

在欺骗敌人的手段中又布置一层“迷雾【专家解疑：①浓厚的雾。②比喻使人迷失方向的事物。】”，顺势利用敌营内的间谍辅助我做工作，就可以有效地保全自己，争取胜利。

反间计，原文的大意是说：在疑阵中再布疑阵，使敌内部自生矛盾，我方就可万无一失。说得更通俗一些，就是巧妙地利用敌人的间谍反过来为我所用。

采用反间计的关键是“以假乱真”，造假要造得巧妙，造得逼真，才能使敌人上当受骗，信以为真，做出错误的判断，采取错误的行动。

计策事例

皇太极施反间计

1627年，昏庸的明熹宗死去，他的弟弟朱由检即位，就是明思宗，也叫崇祯帝（崇祯是年号）。

崇祯帝宣布了大太监**魏忠贤**的罪状，惩办了魏忠贤一党，把魏忠贤充军到凤阳。魏忠贤自己知道活不成，走到半路上自杀了。

崇祯帝还提拔袁崇焕为兵部尚书，负责指挥整个河北、辽东的军事。崇祯帝还亲自召见袁崇焕，问他有什么计划。袁崇焕说：“只

★ 人物介绍

魏忠贤（1568—1627），字完吾，北直隶肃宁（今河北沧州肃宁）人，明朝末期宦官。明熹宗时期，他极受宠信，排除异己，专断国政，被称为“九千九百岁”。

要给我指挥权，朝廷各部一致配合，不出五年，可以恢复辽东。”

崇祯帝听了十分兴奋，给袁崇焕一把尚方宝剑，准许他全权行事。

袁崇焕回到宁远，选拔将才，整顿队伍，军纪严明，士气振奋。东江总兵毛文龙作战不力，虚报军功，不服从袁崇焕的指挥。袁崇焕使用尚方剑，把毛文龙杀了。

后金之主皇太极屡屡受挫于袁崇焕，当然不肯罢休，他知道宁远、锦州防守严密，决定改变进兵路线。【智慧引路：通往成功的路不止一条。生活中，我们经常遇到一些难题，此时不妨换一种思维去想，总能够找到解决的方法。】他做好一切准备，于1629年10月，率领几十万后金军，从龙井关、大安口（今河北遵化北）绕到河北，直扑明朝京城北京。

这一着可出乎袁崇焕的意料。袁崇焕赶快出兵，想在半路上把后金军拦住，但已经来不及了。后金军乘虚而入，到了北京郊外。袁崇焕得到情报，**心急火燎**【专家解疑：心里急得像火烧一样，形容非常着急。也说心急如焚、心急如火。】带着明军赶了两天两夜，到了北京，没顾上休息，就和后金军展开激烈的战斗。别路明军，也陆续赶到，投入战斗。

后金军突然进攻北京，引起了全城震动。崇祯帝更是急得**心慌意乱**【专家解疑：内心惊慌，思绪纷乱。】，不知该怎么办才好，后来听说袁崇焕带兵赶到，心才定了一些。他亲自召见袁崇焕，慰劳了一番。但是一些魏忠贤的余党却散布谣言，说这次后金兵绕道进京，完全是袁崇焕引进来的，说不定里面还

有什么阴谋呢。

崇祯帝是个猜疑心极重的人，听了这些谣言，也有些怀疑起来。正在这个时候，有一个被金兵俘虏去的太监从金营逃了回来，向崇祯帝密告，说袁崇焕和皇太极已经订下密约，要出卖北京。**这个消息简直像晴天霹雳，把崇祯帝惊呆了。**【名师点拨：“反间计”和“空城计”一样，应该在敌军统帅性格谨慎多疑的前提下使用，正如故事中的崇祯帝——猜疑心极重。】

原来，明朝有两个太监被后金军俘虏去以后，被关在金营里。有天晚上，一个姓杨的太监半夜醒来，听见两个看守他们的后金兵在外面轻声地谈话。

一个后金兵说：“今天咱们临阵退兵，完全是大汗（指皇太极）的意思，你可知道？”

另一个说：“你是怎么知道的？”

一个又说：“刚才我就看到大汗一个人骑着马朝着明营走，明营里也有两个人骑马过来，跟大汗谈了好半天话才回去。听说那两人就是袁将军派来的，他已经跟人有密约，眼看大事就要成功啦……”

姓杨的太监偷听了这番对话，趁看守他的后金兵不注意，偷偷地逃了出来，赶快跑回皇宫，向崇祯帝报告。崇祯帝听了也信以为真。他哪里知道，这个情报完全是假的。两个后金兵的谈话是皇太极预先布置的。【名师点拨：被俘虏的人怎么能轻易听到敌军的机密，又怎么能轻易从敌营逃出来呢？崇祯帝不经调查便下结论，最终自毁长城。】

崇祯帝命令袁崇焕马上进宫。袁崇焕接到命令，也不知道发生了什么事，匆忙进了宫。崇祯帝拉长了脸，责问说：“袁崇焕，你为什么要擅自杀死大将毛文龙？为什么金兵到了北京，你的援兵还迟迟不来？”

袁崇焕不禁怔了一下，这些话都是从哪儿说起？他正想答辩，崇祯帝已经喝令锦衣卫把袁崇焕捆绑起来，押进大牢。

有个大臣知道袁崇焕平日忠心为国，觉得事情**蹊跷**【专家解疑：

奇怪；可疑。】，劝崇祯帝说："请陛下慎重考虑啊！"

崇祯帝说："什么慎重不慎重？慎重只会误事。"

崇祯帝拒绝大臣的劝告，一些魏忠贤余党又趁机诬陷【专家解疑：诬告陷害。】。到了第二年，崇祯帝终于下令把袁崇焕杀害。

皇太极用反间计除了对手袁崇焕，退兵回到盛京。打那以后，后金越来越强大。到了1635年，皇太极把女真改称满洲；又过了一年，皇太极在盛京称帝，改国号叫清，他就是清太宗。

第三十四计　苦肉计

【出处】

"苦肉计"见于元朝关汉卿的《单刀会》第一折："亏杀那苦肉计黄盖添粮草。"《三国演义》第四十六回也有："孔明曰：'不用苦肉计，何能瞒过曹操？'"【名师点拨：《三国演义》中，周瑜妙用"苦肉计"，故意痛打黄盖，黄盖因此向曹操诈降，曹操不疑有假，最终被一把大火烧断了统一天下的梦想。】据《吴越春秋》卷二《阖庐内传·第四》记载，要离自愿断右臂，取得庆忌的信任，接近并杀死了庆忌，为吴王阖闾除去一大障碍。这是典型的以自残自害的方式，取"信"于敌以达自己目的的做法。

【原文】

人不自害，受害必真。假真真假，间以得行。童蒙之吉，顺以巽也①。

千古名句

人不自害，受害必真。假真真假，间以得行。

【注释】

①童蒙之吉，顺以巽也：出自《易·蒙·象》："童蒙之吉，顺以巽也。"意思是说：不懂事的孩子单纯幼稚，顺着他的特点逗着他玩耍，就会把他骗得乖乖的。

【译文】

人不自己迫害【专家解疑：压迫使受害（多指政治性的）。】自己，受迫害必然是真的。真的变假，间谍便乘机活动。《易·蒙》卦说：把他骗得乖乖的，顺着他活动。

【按语】

间者，使敌人相疑也；反间者，因敌人之疑，而实其疑也[①]。苦肉计者，盖假作自间以间人[②]也。凡遣与己有隙者以诱敌人，约为响应，或约为共力者，皆苦肉计之类也。

【注释】

①因敌人之疑，而实其疑也：因，凭，利用。实，充实，加深。全句意为：利用敌人多疑的心理，用欺骗的办法，加深他们的疑心。

②假作自间以间人：假装自己内部有矛盾，去离间敌人。

【译文】

离间，使敌人相互猜疑；反间，利用敌人的疑心，使他们的疑心更加坚定。苦肉计，假装自己人相互猜疑、不和，进而间离敌人。

千古名句

间者，使敌人相疑也；反间者，因敌人之疑，而实其疑也。苦肉计者，盖假作自间以间人也。

凡是派遣与自己有矛盾的人去引诱敌人，约定在内部响应，或者约定共同出力的情况，都是苦肉计的类型。【名师点拨：这种“矛盾”只是迷惑敌人的假象，并不是真的“矛盾”。如周瑜和黄盖，只是在众将面前故作不和，以欺骗曹操罢了。】

名家评析

人们都不愿意伤害自己，如果说被别人伤害，这肯定是真的。己方如果以假当真，敌方肯定信而不疑。这样才能使苦肉之计得以成功。此计其实是一种特殊做法的离间计。运用此计，“自害”是真，“他害”是假，以真乱假。己方要造成内部矛盾激化的假象，再派人装作受到迫害，借机钻到敌人“心脏”中去进行间谍活动。

计策事例

王佐断臂

南宋时，金兵南侵，金兀术与岳飞在朱仙镇摆开决战的战场。金兀术有一义子，名叫陆文龙，这年十六岁，英勇过人，是岳家军的**劲敌**【专家解疑：强有力的敌人或对手。】。陆文龙本是宋朝潞安州节度使陆登的儿子，金兀术攻陷潞安州，陆登夫妻双双殉国。金兀术将还是婴儿的陆文龙和奶娘掳至金营，收为义子。陆文龙对自己的家世完全不知。

一日，岳飞正在思考破敌之策，忽见部将王佐进帐。岳飞看见王佐脸色蜡黄，右臂已被斩断，大为惊奇，忙问发生了什么事。原来王佐打算只身到金营，策动陆文龙反金。为了让金兀术不猜疑，才采取断臂之计。岳飞十分感激，泪如泉涌。

王佐连夜到金营，对金兀术说道：“小臣王佐，本是杨么的部下，官封车胜侯。杨么失败我只得归顺岳飞。昨夜帐中议事，小臣进言，金兵二百万，实难抵挡，不如议和。岳飞听了大怒，命人斩断我的右臂，并命我到金营通报，说**岳家军**【名师点拨：岳家军是南宋初年由岳飞领导的抗金军队，纪律严明，训练有素，金人有“撼山易，撼岳家军难”之语。】即日要来生擒狼主，踏平金营。臣要是不来，他要斩断我的另一只臂。因此，我只得哀求狼主。”

金兀术同情他，叫他“苦人儿”，把他留在营中。王佐利用能在金营自由行动的机会，接近陆文龙的奶娘，说服奶娘，一同向陆文龙讲述了他的身世。文龙知道了自己的身世后，决心为父母报仇，诛杀金贼。王佐指点他不可**造次**【专家解疑：①匆忙；仓促。②鲁莽；轻率。】，要伺机行动。

金兵此时运来一批轰天大炮，准备深夜轰炸岳家军军营，幸亏陆文龙用箭书报了信，使岳家军免受损失。当晚，陆文龙、王佐、奶娘投奔宋营。王佐断臂，终于使猛将陆文龙回到宋朝，立下了不少战功。

第三十五计 连环计

【出处】

“连环计”一词见于《元曲选》中的杂剧《锦云党暗定连环计》。《兵法圆机·迭》说：“大凡用计者，非一计之可孤行……百计迭出，算无遗策，虽智将强敌，可立制也。”意思是采用多个计策，一环扣一环，密而无缺，这样的话，即使智谋再高、力量再强的敌人也能制服。在赤壁之战中，**庞统**诈降曹操，而后出谋让曹操把战船连起来，看似帮助魏军克服了不习惯于水战的弱点，实际上使这些船只在遭到火攻时无处逃脱。后来周瑜又用苦肉计派黄盖诈降，火烧赤壁，这

★人物介绍

庞统（179—214），字士元，号凤雏，汉时荆州襄阳（今湖北襄阳）人。三国时刘备的重要谋士，与诸葛亮同拜为军师中郎将，后不幸阵亡。

些计谋环环相扣【专家解疑：①一环扣一环。比喻若干事物之间密切相关。②形容运作步骤安排得紧凑而有序。】，成为一个完整的计谋，显出了连环计的特点。

【原文】

将多兵众，不可以敌，使其自累[①]，以杀其势[②]。在师中吉，承天宠也。

【注释】

①自累：指自相拖累，自相钳制。

②以杀其势：杀，减弱，削弱，刹住。势，势力，势头。杀其势，这里是指减弱、刹住敌军来势汹汹的势头。

【译文】

敌方兵力强大，不能硬打，应当运用谋略，使他们自相钳制，借以削弱他们的力量。将帅巧妙地运用此计，克敌制胜，就如同有上天护佑【专家解疑：保护；保佑。】一样。

【按语】

庞统使曹操战舰勾连[①]，而后纵火焚之，使不得脱。则连环计者，其结在使敌自累，而后图之。盖一计累敌，一计攻敌，两计扣用，以摧强势也。如宋毕再遇尝引敌与战，且前且却，至于数四。视日已晚，乃以香料煮黑豆，布地上。复前博战，佯败走。敌乘胜追逐。

千古名句

将多兵众，不可以敌，使其自累，以杀其势。

其马已饥，闻豆香，乃就食，鞭之不前。遇率师反攻，遂大胜。皆连环之计也。（《历代名将用兵方略·宋》）

【注释】

①战舰勾连：把很多舰船用铁环连接固定起来。

【译文】

庞统怂恿曹操把战舰用铁链勾连起来，然后纵火焚烧，使之无法逃脱，这就是连环计。【名师点拨：计策必须在一定的前提下运用，不能无的放矢。曹操军多是北方人，不善水战，所以庞统的计策才能奏效。】连环计就是让敌人相互牵制，然后再去谋取。用一条计谋使敌人自己牵制自己，再用一计进攻敌人，两条计谋结合起来运用，就能够摧毁看上去势力强大的敌人。比如宋朝的抗金名将毕再遇，先上前将敌人诱来交战，再边打边退，三番五次地缠住敌人不放，直至夜色将至。这时就将用香料煮过的黑豆撒在地上，又向敌营挑战，之后就假装战败而退。敌人见状乘胜追赶，**人困马乏**【专家解疑：形容体力不支，疲劳不堪（不一定有马）。】之时，闻到遍地豆香的马只顾抢着吃豆子，任凭你用鞭子抽打，也不肯走了。这时，毕再遇突然出兵反攻，结果自然大获全胜，这就是运用连环计的著名战例。

名家评析

使用“连环计”的原因在于，用计重在有效果，一计不成，又出多计，在情况变化时，要相应再出计，这样才会使对方**防不胜防**【专家解疑：要防备的太多，防备不过来。】。

按语举庞统和毕再遇两个战例，说明连环计是一计累敌，一计攻敌，两计扣用。而关键在于使敌“自累”。从更高层次上去理解“使其自累”这几个字，两个以上的计策连用称连环计，而有时并不见得要看用计的数量，而要重视用计的质量，“使敌自累”之法，可以看作战略上让敌人背上包袱，使敌人自己牵制自己，让敌人战线拉长，兵力分散，为我军集中兵力，各个击破创造有利条件。这也是“连环计”在谋略思想上的反映。

计策事例

救鲁国子贡巧施连环计

公元前484年，齐国的右相陈恒企图操纵国政，但又害怕朝中大臣国书、高无平从中作梗，便向齐简公建议，派国书等几位大臣领兵攻打鲁国，说是鲁国曾与吴国一道攻打过齐国，应该报仇雪恨。齐简公采取了陈恒的建议，派国书为大将，带着高无平等大臣率领兵车千乘来到汶水之滨扎营。

孔子听到这个消息，大吃一惊，与他的几个学生商量说：“鲁国是我们的父母之邦，现在有难，不可以坐视不救，有谁能制止齐军攻打鲁国呢？”【名师点拨：这句话反映出孔子的爱国思想。祖国就像我们的母亲一样，每一个人都应该热爱她、保护她，为她的繁荣和发展贡献力量。】听了孔子的话，子贡自告奋勇地说他有办法解救鲁国面临的危难。

子贡先到齐国见到右相陈恒，他对陈恒说道：“鲁国的城墙低而薄，护城河狭而浅，国君懦弱，大臣无能，军队不善于打仗，是个难以征伐的国家，而吴国城墙高而厚，护城河宽而深，兵多将广，是个比较容易征伐的国家啊！”陈恒听了这话，很生气，认为子贡在戏弄他。子贡便让陈恒屏退左右，悄悄地对陈恒说：“据我观察，相国与大臣国书、高无平有些不和。国书与高无平率军进入衰弱的鲁国，一定能取胜；取胜的功劳自然属于国书与高无平，这些人的权势会不断增加，而相国您便将因此面临困境了。**因此，假如您能设法使国书、高无平率兵攻打吴国，势必遭到失败，国书与高无平**

将面临困境，这对于相国您掌大权是很有利的啊！【名师点拨：身为大臣，陈恒只顾自己的利益，视战争这等大事如儿戏，子贡正是利用他这一特点使鲁国免遭了一场刀兵之灾。】”

陈恒听了子贡的话很是高兴，但考虑到齐军已开到汶水，忽然又叫他去打吴国，别人会怀疑他的动机，因而有些犹豫不决。

子贡了解到陈恒的思想顾虑后，便又对陈恒说：“只要您能叫他们按兵不动，我便立即到吴国去说服吴王来救鲁伐齐，这样，齐国就有理由攻打吴国了。”陈恒同意子贡的主意，竟以听说吴国将出兵攻齐为理由，叫国书暂不攻鲁。

子贡日夜兼程赶到吴国，对吴王夫差说：“上次吴国和鲁国联合攻齐，现在齐国人为了报仇，已屯兵汶水之上，准备先攻打鲁国，再攻打吴国。大王您何不**先发制人**【专家解疑：先动手以制伏对方；先于对手采取行动以获得主动。】，兴兵伐齐救鲁？以吴国的强大，定能打败齐国，这样也可使鲁国听命于吴国了。”夫差说：“上次打败齐军后，齐国表示臣服吴国，一直不来朝贡，我正要向他问罪呢，只是听说越国有侵犯吴国的野心，我准备先打越国，再进兵齐国。”

听了夫差的话，子贡表示自己愿意去说服越王，让越王亲自率军跟随夫差攻齐。夫差高兴地答应了。

子贡来到越国，告诉勾践说：“夫差怀疑越国将攻打吴国，吴国就要兴兵伐越了。”【名师点拨：勾践一直为攻打吴国积蓄力量，但此时准备还不充分，因此听到吴国伐越的消息表现得“很着急”。】勾践听了很着急。子贡便教给他一个办法：亲自率领一支军队，跟随吴王攻打齐国，这样可以消除吴国对越国的怀疑，将来如果吴国战败，力量就会削弱，吴军战胜，一定会与强大的晋国争霸，这样，后方必然空虚，越国便可以乘虚而入。勾践十分赞成子贡的主意。过了几天，越王便派文种向吴王献宝剑、精甲等礼物，并表示越王将亲率三千军士随吴伐齐。吴王很高兴。子贡又说服吴王，只要让越军参战就行，而越王勾践则不必亲自出征了。

接着，子贡辞别了吴王，又赶往晋国，对晋王说：“**人无远虑，必有近忧**。吴军正要攻打齐国，如果吴军取胜，吴王一定会要和晋国争霸，晋国应有所准备……”

等子贡回到鲁国，吴军已打败齐国。不久，吴王又率大军北上伐晋。这时，越王勾践便乘机攻占了吴国都城。

子贡一番攻心**游说**【专家解疑：原指古代叫作“说客”的政客，奔走各国，凭着口才劝说君主采纳他的主张。后泛指劝说别人接受某种意见或主张。】，布置了一个使齐、吴、越、晋等国互相牵制的连环巧计，使鲁国免遭齐军的攻伐，又免受吴国的挟制，从而挽救了鲁国。

第三十六计　走为上计

【出处】

“三十六计，走为上计”一词见于《南齐书·王敬则传》：“檀公三十六计，走为上计。”

这一计是说在我军处于弱势的时候，主动撤退，以保存实力。这里说的“上计”，并不是说“走”是“三十六计”里面的上计，而是说，在我军势力不如敌军的时候，我方只有四种选择，或求和，或投降，或死拼，或撤退。在这四种选择中，前三种都是死路一条，只有撤退，才可以保存实力，**卷土重来**【专家解疑：比喻失败之后重新恢复势力（卷土：卷起尘土，形容人马奔跑）。】。这时“走”就是最好的选择，就是“上计”。

【原文】

全师避敌[①]。左次无咎，未失常也。

哲理名言

人无远虑，必有近忧。

【注释】▶

①全师：全，保全。师，指军队。全师，保存军事力量。避敌：避开敌人。

【译文】▶

全军退却，避开强敌，用退却的办法避开危险没有过错，并且这也不违背用兵的常规。【智慧引路：现实中，我们在做事情的时候，假如客观条件不利，也可以暂时放弃，等时机成熟、条件具备后再做。】

【按语】▶

敌势全胜，我不能战，则必降、必和、必走①。降则全败，和则半败，走则未败。未败者，胜之转机也。如宋毕再遇与金人对垒，度金兵至者日众，难与争锋。一夕拔营去，留旗帜于营，豫缚生羊悬之，置其前二足于鼓上，羊不堪倒悬②，则足击鼓有声，金人不觉为空营。相持数日，乃觉，欲追之，则已远矣。（《战略考·南宋》）可谓善走者矣！

【注释】▶

①必降、必和、必走：指在敌人处于绝对优势的情况下，我方只有投降、讲和、撤退三种选择。

②倒悬：倒转身体，悬空挂着。

千古名句

敌势全胜，我不能战，则必降、必和、必走。降则全败，和则半败，走则未败。未败者，胜之转机也。

【译文】

敌人占绝对优势，我方无法战胜时，只有投降、讲和和退却三条路可走。投降是彻底失败；讲和是一半失败；只有撤退不是失败。没有失败，就有转为胜利的契机。**比如宋朝名将毕再遇与金兵打仗，一天夜里撤退走了，却留下旗帜在营房前，预先把羊倒吊着，又把羊的前腿安置在鼓前面，羊被倒挂着，十分难受，就用腿不停地乱踢，鼓也就咚咚作响。金人开始未发觉，相持了几天，才发觉。这时，宋军已经走远了。这可以说是善于撤退的战例。**【名师点拨：何时走？怎样走？决定于将领的随机应变，隐含着很深的学问。毕再遇巧妙撤退，显示出他运用“走为上计”的高超本领。】

名家评析

走为上计，指在敌我力量悬殊的不利形势下，采取有计划的主动撤退，避开强敌，寻找战机，以退为进。

在敌强我弱的情况下，为保全自己，主动退却，伺机破敌。这种以退为进的用兵方法，并不违背正常的用兵法则。这在谋略中也应是上策。

计策事例

夷陵之战

三国时，魏文帝黄初三年（222）正月至六月，东吴大将**陆逊**率军与刘备率领的蜀军相持于宜昌猇亭（今湖北宜都西北）。当时，

★ 人物介绍

陆逊（183—245），本名陆议，字伯言，吴郡吴县（今江苏苏州）人。三国时东吴著名的军事家、政治家，于夷陵之战中一战成名，历任吴国大都督、上大将军、丞相。

汉主刘备举军东下，锐气正盛，且乘高守险，难以抵御。

陆逊主张实施战略退却，奖励将士，广施方略，以观其变。陆逊的部下多是东吴的功臣宿将和公室贵戚。他们或**自命不凡**【专家解疑：自以为很了不起，不平凡。】，或自恃功高，对陆逊这位年轻统帅既不服气，又不尊重，对于陆逊实施退却更是很不理解，以为这是陆逊怯懦无能的表现。

这时，刘备命令军队从巫峡建平起到夷陵七百里间，接连设营，以冯习为大都督，张南为前部都督。

从正月到五月，蜀军与东吴相持不下。刘备要求决战不得，于是派吴班带领数千人在平地立营，想以此引诱吴军出战。陆逊非但拒不出战，还连续退却七百里。

任你蜀军怎样讨战，陆逊坚持不予理睬，并且劝告众将说："吴班讨战，其中必有诡计，我们姑且观望一下吧！"【名师点拨：身为主将，任何时候都应该保持冷静，情绪、行动皆不受敌人影响，才能以不变应万变，敏锐地捕捉到战胜之机。陆逊正是如此。】刘备见诱敌之计不成，只好把埋伏在山谷中的八千伏兵撤出来。

这时，陆逊上书孙权说："夷陵这个要害地方是东吴的重要关口。虽然容易攻取，也很容易失守。一旦失去，连荆州也难以保住。所以，今天我们争夺这个战略要地，定要一举成功，一劳永逸。开始时，我顾虑刘备水陆大军同时前来，那样，我们势必要分兵抵抗。现在，他不要水军，单用陆路，又在七百里内处处结营，分散兵力。看来，刘备这一布置对我军十分有利，所以，请您放心，不需再为攻打刘备的事而挂心了。"

闰五月，陆逊观察形势，准备由退却、防御转为进攻。将领们认为，要进攻刘备，应当在初来的时候，如今我军步步退却，他们却在我们国境六七百里内到处设有重兵把守，这时进攻一定不会有好处。

陆逊则说："我军连续退却，他们找不到我们的空隙，他们的士兵已经很疲惫，士气低落，又想不出打败我们的计划。现在，正

是我们用计打败刘备的时候。”【**名师点拨**：陆逊力排众议，认为进攻时机已到，说明陆逊目光敏锐、智谋过人，并能够当机立断，具有扭转形势的能力。】于是，便先派兵攻打刘备的一个大营，没有成功，又改变战术，命令士兵每人拿一把茅草，用火攻的方法袭击蜀军，得手后，陆逊便率领全军人马同时发起进攻，斩了蜀将张南、冯习及少数民族武装首领沙摩柯，攻破蜀军四十多个大营，蜀军将领杜路、刘宁等被迫投降，刘备逃上马鞍山，将军队沿山环列，进行困守。

陆逊督促所有将领四面猛攻，蜀军全军溃散，死伤数以万计，刘备又连夜逃走，靠着沿途焚烧辎重器械，堵塞山路**隘口**【**专家解疑**：狭隘的山口。】，才阻住吴军的追击，得以匆忙地逃进白帝城。

陆逊以“走”为上计，实施战略退却，等待时机，终于转入反攻，大获全胜；刘备兵败夷陵，也以“走”才保住了性命。

阅读思考

1. 皇太极是怎样诱使崇祯帝杀害袁崇焕的？
2. 陆文龙为什么愿意归顺岳家军？
3. 子贡是如何巧妙地解救鲁国之危的？

重点测试

ZHONGDIANCESHI

一、填空题

1.《三十六计》是我国古代兵家计谋的总结和军事谋略学的宝贵遗产，包含________个经典计谋，其中大部分来自孙武的作品________中。

2.《三十六计》共分________、________、________、________、________、________六套。前面三套是处于________时用的计策，后面三套是处于________时用的计策。

3.“围魏救赵”中，齐国的军师是________，魏国的主将是________。

4.“隔岸观火”计名最初见于唐朝僧人乾康的诗：“________，________。”

5.子贡巧施“________”，使________、________、________、________等国互相牵制，从而挽救了________国。

二、选择题

1.《三十六计》是体现我国古代卓越军事思想的一部兵书，下列不属于《三十六计》的是（　）。

A. 浑水摸鱼　B. 反戈一击　C. 笑里藏刀　D. 借刀杀人

2. 下列事件，与孙膑无关的是（　）。

A. 桂陵之战　B. 马陵之战　C. 田忌赛马　D. 夷陵之战

3.“借尸还魂”源于“八仙”之一的（　）得道成仙的传说。

A. 铁拐李　B. 汉钟离　C. 蓝采和　D. 何仙姑

4. 下列诗词均引自《三国演义》中，所影射之事与“树上开花”计有关联的是（ ）。

A. 昔年救主在当阳，今日飞身向大江。船上吴兵皆胆裂，子龙英勇世无双！

B. 曹操军中飞虎出，赵云怀内小龙眠。无由抚慰忠臣意，故把亲儿掷马前。

C. 长坂桥头杀气生，横枪立马眼圆睁。一声好似轰雷震，独退曹家百万兵。

D. 羽扇纶巾拥碧幢，七擒妙策制蛮王。至今溪洞传威德，为选高原立庙堂。

三、判断题

1.《三十六计》被誉为东方思想宝库的“明珠”，与《孙子兵法》并称为古代兵法双绝。（ ）

2. 檀道济是南朝宋著名将领，出身豪门世家，但自幼父母双亡。（ ）

3. 商鞅是战国时著名的政治家，正是他在秦国推行新法，富国强兵，奠定了秦国一统六国的基础。（ ）

4. 田单大摆“火牛阵”，战胜了乐毅领导的燕军，收复了齐国失地。（ ）

5. 司马懿诈病赚曹爽后，大权独揽，为建立司马氏的天下打下了基础。（ ）

四、简答题

1. 试比较“暗度陈仓”计和“声东击西”计的异同。

2.“三十六计，走为上计”的意思是什么？

答案

一、填空题

1. 三十六　《孙子兵法》

2. 胜战计　敌战计　攻战计　混战计　并战计　败战计　优势　劣势

3. 孙膑　庞涓

4. 隔岸红尘忙似火　当轩青嶂冷如冰

5. 连环计　齐　吴　越　晋　鲁

二、选择题

1. B

2. D

3. A

4. C

三、判断题

1. √。

2. ×，檀道济出身寒门。

3. √。

4. ×，当时燕军由骑劫统领，而非乐毅。

5. √。

四、简答题

1. 答: “暗度陈仓”计与“声东击西”计有相似之处，都有迷惑敌人、隐蔽进攻的作用。二者的不同处是: 声东击西，隐蔽的是攻击点；暗度陈仓，隐蔽的是攻击路线。

2. 答: 这里说的“上计”，并不是说“走”是“三十六计”里面的上计，而是说在我军势力不如敌军的时候，我方只有四种选择，或求和，或投降，或死拼，或撤退。在这四种选择中，前三种都是死路一条，只有撤退，才可以保存实力，卷土重来。这时“走”就是最好的选择，就是“上计”。